Petite Bibliothèque de la Ligue des Patriotes
VIII

> Plus nous avons horreur de la guerre, plus nous devons travailler passionnément à en empêcher le retour, plus nous devons souhaiter vouloir que la paix nous apporte, avec la restitution totale de nos provinces envahies, — envahies depuis hier ou envahies depuis quarante-six ans, — la réparation des droits violés aux dépens de la France ou de ses alliés et les garanties nécessaires à la sauvegarde définitive de notre indépendance nationale.
>
> (*Discours de M. Poincaré,
> Président de la République,
> 14 Juillet 1918.*)

LES
Droits historiques de la France
sur la rive gauche du Rhin

PAR

M. Eugène DARSY

Agrégé de l'Université

Préface de MAURICE BARRÈS, de l'Académie française

AVEC UNE CARTE HORS TEXTE

LIBRAIRIE
de la Société du
RECUEIL SIREY
Ancienne Maison Larose et Forcel
LÉON TENIN, Directeur
22, Rue Soufflot, PARIS (5ᵉ)

1919

Tous droits de reproduction et de traduction réservés (Convention de Berne).

Les Droits historiques de la France

sur la rive gauche du Rhin

Petite Bibliothèque de la Ligue des Patriotes
VIII

> Plus nous avons horreur de la guerre, plus nous devons travailler passionnément à en empêcher le retour, plus nous devons souhaiter vouloir que la paix nous apporte, avec la restitution totale de nos provinces envahies, — envahies depuis hier ou envahies depuis quarante-six ans, — la réparation des droits violés aux dépens de la France ou de ses alliés et les garanties nécessaires à la sauvegarde définitive de notre indépendance nationale.
>
> (*Discours de M. Poincaré,
> Président de la République,
> 14 Juillet 1916.*)

LES
Droits historiques de la France
sur la rive gauche du Rhin

PAR

M. EUGÈNE DARSY

Agrégé de l'Université

Préface de M. MAURICE BARRÈS
DE L'ACADÉMIE FRANÇAISE

AVEC UNE CARTE HORS TEXTE

LIBRAIRIE
DE LA SOCIÉTÉ DU
RECUEIL SIREY
Anc Mson Larose et Forcel
LÉON TENIN, Directeur
22, Rue Soufflot, PARIS (5ᵉ)

1919

Tous droits de reproduction et de traduction réservés (*Convention de Berne*)

PRÉFACE

Je rappelais ces jours-ci, dans l'Echo de Paris, mes visites au musée de Trèves, il y a vingt-deux ans. J'ai regretté de n'avoir pu revoir récemment, sur les monuments funéraires si nombreux dans la région, nos ancêtres de pierre, ces gallo-romains si vivants, si français, si différents de tout ce qui habitait et habite encore au delà du Rhin, si semblables à ce que nous sommes aujourd'hui, vivant de la même vie, travaillant le même sol et exerçant les mêmes métiers. Ces gens-là, que les stèles nous montrent réunis en famille, en des demeures de gens aisés, jouissant en paix des revenus de beaux domaines, ont habité ce pays de la rive gauche pendant des siècles, à une époque où les Germains en étaient au degré de civilisation où nous avons trouvé les noirs de nos colonies d'Afrique. Depuis les temps de la pré-histoire, Gaulois indépendants, puis soumis à Rome et latinisés, puis encore gouvernés par des princes de race franque, ils n'ont pas changé : ils étaient toujours les mêmes lorsque trois petits-fils de Charlemagne, se disputant l'empire comme une proie, s'avisèrent de le tailler en morceaux et de se l'adjuger par lots, à la façon d'héritiers hargneux et jaloux les uns des autres. La ligne qui divisa les lots coupa la France en deux, et du coup, elle est restée morcelée pendant dix siècles.

Notre histoire nationale n'est, à la bien prendre, autre chose que le récit des efforts continuels, multipliés, de ces deux tron-

çons pour se réunir. Toute la politique de nos rois roulait sur ce problème. Tandis que, dans le morceau occidental qui leur restait, ils étendaient patiemment leur domaine au détriment de leurs grands vassaux, ils reconquéraient pièce à pièce le morceau oriental, depuis Marseille jusqu'au Rhin. Travail millénaire dont nous voyons aujourd'hui le terme. Le Rhin, atteint une première fois sous Henri II, devenu notre frontière en Alsace au traité de Westphalie, puis notre frontière surtout son cours aux traités de Bâle et de Lunéville, reperdu en partie en 1814, en totalité en 1871, est aujourd'hui reconquis. Les troupes françaises et alliées campent à Mayence et à Cologne. Sans aucune exagération, on peut dire qu'elles réalisent le rêve qui hantait le roi Philippe-Auguste. On ne comprend pas les événements de ces derniers mois si on ne sait y voir l'aboutissement d'une longue poussée, qui atteint enfin aujourd'hui le but longuement poursuivi.

Ce qu'il faut que tous les Français aient présent à l'esprit, ce qu'il importe d'expliquer et de rappeler aux étrangers, c'est que cette reprise de notre bien est au dernier point légitime. Notre pays s'étend jusqu'au Rhin. Il n'a été tronqué et mutilé que par l'événement des guerres, des désastres, des violences, qui ne créent jamais la prescription. En nous réinstallant sur la rive gauche, nous n'opérons ni conquête ni annexion : nous rentrons chez nous.

Les Allemands en disaient autant quand ils se sont emparés de l'Alsace et de Metz ! Je le sais bien. Leur insistance à se réclamer de prétendus droits historiques, leurs efforts redoublés pour s'en forger, sont la meilleure preuve de l'importance de ces droits et du rôle qu'ils sont appelés à jouer dans le règlement des frontières. L'opinion, chez nous, fait trop bon marché des anciens titres. Par toute l'Europe, on s'en prévaut, on les produit, ou les brandit. C'est au nom de l'histoire que les Polonais réclament Posen et Dantzig, que les Tchèques établissent leur autorité sur *Eger* et *Carlsbad*, que les Yougoslaves se fondent en un seul État, que les Roumains reprennent l'entier territoire qui a appartenu aux colons de Trajan. Aussi que de bibliothèques la « science » allemande n'a-t-elle pas accumulées pour réduire au silence tous ces gêneurs ! L'histoire s' « arrange ». Au besoin, elle se falsifie, comme une dépêche d'Ems. Ce que valaient les thèses allemandes, qui ne tenaient à rien moins qu'à ramener la France au traité de Verdun, nos historiens le savent de longue date. L'an passé, M. Babelon, en deux gros volumes, les exécutait de main de maître. Lisez le résumé de M. Darsy : il vous édifiera. Vous y verrez ce qu'il faut penser du traité de 843, de l'Empire germanique, de l'Austrasie allemande, de l'Alsace allemande. Vous comprendrez que les Allemands n'ont jamais été, sur la rive gauche, que des envahisseurs et des conquérants. La France n'en a été dépouillée que par la force : elle l'a toujours revendiquée : elle n'a cessé de crier son droit et de l'exercer quand elle l'a pu.

Fait essentiel : quand la France réclamait la rive gauche, c'était d'accord avec les Rhénans, ces vieux Celtes qui avaient pu changer de langue, mais qui n'avaient jamais oublié leur origine. A travers les siècles, l'effort continu de la France de l'Est pour se ressouder à la France de l'Ouest, pour effacer les frontières artificielles qui les séparent, remplit toutes les pages de l'histoire. En 1814 encore, quand les populations de la rive gauche nous ont été arrachées une fois de plus, elles étaient aussi françaises que les Normands ou les Bourguignons. Les choses ont-elles donc tellement changé depuis? Ne sommes-nous pas à la veille de voir s'évanouir d'étranges préjugés, savamment entretenus par nos ennemis, et dont nous n'avons été que trop aisément les dupes?

Notre sentiment de l'équité est si violent, à nous autres Français, que nous nous sentons la conscience troublée à la seule idée de faire « une Alsace-Lorraine à rebours ». Rassurons ces scrupules. Nos soldats, en franchissant nos frontières, ont répondu aux crimes et aux dévastations allemandes par l'exacte discipline. La France ripostera au régime de persécution sous lequel les Alsaciens-Lorrains ont vécu quarante-sept ans par un régime de bienveillance et de liberté. Tous les droits légitimes seront respectés : c'est un point qui ne saurait faire de doute, même pour ceux qui ne sont pas dans les secrets des diplomates. Faut-il désespérer de voir graduellement, sous l'impression de l'exacte justice, les affinités se réveiller, les sympathies se faire jour, les peuples reprendre la vie nationale commune, garantie de leur repos, de leur prospérité et de la paix de l'Europe ?

Avant tout, que les négociateurs, que les hommes politiques, que les électeurs, que tous les citoyens français se pénètrent de cette vérité : la minute est solennelle et l'occasion est unique. La France tient dans sa main le prix de dix siècles de luttes. Y renoncer, le jour où elle touche au but, serait une abdication et un suicide.

Maurice BARRÈS

On a souvent répété que le Rhin était la frontière naturelle de la France. Nous voudrions montrer qu'il est aussi sa frontière légitime.

Les droits d'une nation sur son territoire ne sont pas, comme les droits de propriété des particuliers, consignés dans des actes. Ils ont une source plus haute et plus reculée. Le territoire qui a appartenu à une nation de temps immémorial et pendant des siècles, qu'elle n'a perdu qu'à la suite de revers et de catastrophes, qu'elle n'a jamais cessé de revendiquer, qu'elle a même recouvré en grande partie, que la nature des choses lui assigne comme la tradition historique, et dont les habitants font corps avec les siens, est toujours son territoire. Aucune prescription, aucun trait de temps n'a pu l'en dépouiller. Les traités même qu'elle a conclus, — sous l'empire des nécessités présentes, parfois de la force brutale, — ne sauraient être considérés que comme des arrangements temporaires — que nul, assurément, ne serait fondé à violer de gaieté de cœur, et à déchirer comme des « chiffons de papier », — mais qui sont impuissants, comme toute œuvre des hommes, à changer l'histoire, à supprimer les causes profondes et les faits acquis, à faire table rase des traditions, à modifier le sentiment héréditaire et unanime *de tout un peuple. Tant que ces traités subsistent et s'exécutent, les revendications nationales s'en trouvent ajournées. Quand ils sont emportés par les événements, — surtout par une guerre dont l'initiative appartient tout entière à l'ennemi, — tout se trouve remis en question.*

En déchirant le traité de Francfort, l'Allemagne a rouvert elle-même la querelle qui dure depuis des siècles. Le problème de la frontière du Nord-Est, un moment assoupi, a repris toute son acuité. Il est indispensable que tous les Français en connaissent les termes exacts. Ce problème a dominé toute notre histoire. Les efforts de plus de trente générations ont tendu à le résoudre, y sont en partie parvenus; nos pères et nos aïeux nous ont légué une tâche à parfaire, un devoir à remplir. La France manquerait à sa mission historique, si elle l'oubliait.

Nous avons essayé de mettre sous les yeux de tous « l'état de la question. »

LE RHIN

CHAPITRE PREMIER

Le Rhin, frontière de la Gaule. — La Gaule indépendante et la Gaule romaine.

La Gaule, à toutes les époques de son histoire, au temps de son indépendance comme sous la domination romaine, avait pour limite orientale le Rhin, qui la séparait de la Germanie. Toute la rive gauche du fleuve, depuis sa source jusqu'à son embouchure, appartenait à nos ancêtres.

Le fait s'impose. Aucun homme de bonne foi ne l'a jamais mis en doute. Les Allemands, seuls, et pour cause, refusent de l'admettre. Les protestations indignées ou ironiques qu'ils ont accumulées ne prouvent qu'une chose, c'est que la question les embarrasse et qu'ils aiment mieux ne pas la discuter.

La question les embarrasse parce qu'elle est trop simple et qu'il ne leur est pas facile de l'embrouiller, sous prétexte de l'approfondir. Ils ne consentent à l'aborder qu'à condition d'en changer les termes et de porter le débat sur un terrain qui leur paraît plus favorable. Avant de les y suivre et de montrer l'inanité de leurs arguments, nous commencerons par apporter nos preuves et par produire nos témoins.

Le premier et le plus considérable est César. Personne, parmi les anciens, n'a aussi bien connu la Gaule, qu'il a parcourue dans tous les sens pendant ses dix campagnes. On disait de lui, à Rome, qu'à force de vivre parmi les Gaulois il était devenu Gaulois lui-même. Il avait aussi pris contact avec les Germains, qu'il avait battus en deçà et au delà du Rhin. A la première page de ses commentaires, on trouve un aperçu très net de la division politique et des limites de la Gaule, au moment où il en commence la conquête. En dehors de la Narbonnaise, déjà réduite en province romaine, elle comprenait trois régions habitées par les Aquitains, les Celtes ou Gaulois proprement dits, et les Belges : « Le pays des Gaulois touche au Rhin du côté des Helvètes et des Séquanes (Franche-Comté). Celui des Belges s'étend jusqu'à la partie inférieure du même fleuve. » Et César ajoute, un peu plus loin : « De tous ces peuples, les plus vaillants sont les Belges, voisins immédiats des Germains, qui habitent au delà du Rhin, avec qui ils sont continuellement en guerre, — *proximi Germanis, qui trans Rhenum incolunt, quibuscum continenter bellum gerunt.* » Dès ce temps-là, on le voit par la suite des commentaires, ce n'étaient pas les Belges qui étaient les agresseurs.

L'autorité de Strabon n'est pas moindre que celle de César. Elle a d'autant plus de valeur pour nous que cet illustre géographe, contemporain d'Auguste et de Tibère, était un Grec de l'Asie Mineure, un neutre qui n'a même pas visité la Gaule et ne peut être suspect de parti pris contre les Germains. Les Allemands le tiennent en haute estime. L'un d'eux, d'ailleurs bon juge en cette matière, Alexandre de Humboldt, ne craint pas d'écrire que « l'ouvrage de Strabon est supérieur à tous les autres écrits de l'antiquité, à la fois par la grandeur du plan et par l'abondance et la variété des matériaux ». Nous ne demandons pas mieux que de le croire, mais ce qui nous touche davantage, c'est que Strabon a toujours été considéré comme un auteur grave, consciencieux autant qu'érudit, qui n'avance rien à la légère, et n'utilise que des documents de tout repos. Or, dans sa description de la Gaule, il confirme, complète et précise sur quelques points les données géographiques de César. A l'énumération des nations gauloises de la rive gauche du Rhin, il ajoute les Médiomatrices (Metz) et les Trévires : « En face, et tout le long de la vallée du fleuve, les Suèves, Germains d'origine, qui surpassent tous les peuples de même race par leur nombre et leur puissance militaire. Ennemis implacables des Gaulois d'abord, des Romains ensuite, ils ne permettent pas aux autres tribus germaniques de déposer les armes, les chassent de leur territoire, si elles demandent à traiter, et prennent leur place pour faire renaître de ses cendres la guerre qui menace de s'éteindre. »

Les pangermanistes professent un véritable culte pour Tacite, le seul écrivain de l'antiquité qui ait compris, suivant eux, le véritable esprit des mœurs et des institutions de leurs ancêtres. Ils invoquent, à tout propos, son témoignage et le proclament digne d'être

Allemand : « Ce Tacite nous appartient, dit l'un d'eux, par son immortel ouvrage sur les Germains. Toutes ses assertions se trouvent confirmées, quand on parcourt, son livre à la main, le pays qu'ils habitaient. » Ouvrons donc en toute confiance son immortel ouvrage. La première ligne nous suffit : « La Germanie est séparée de la Gaule, de la Rétie et de la Pannonie par le Rhin et par le Danube. » Par le Danube! N'insistons pas, bien qu'il soit assez piquant de voir les Bavarois exclus du Deutschland par un auteur qu'ils proclament infaillible. Ce n'est pas notre affaire. En ce qui concerne le Rhin, frontière de la Gaule, sans même produire d'autres témoignages, nous estimons que la preuve est faite (1).

A part quelques énergumènes, enfants perdus du pangermanisme, les Allemands ne discutent pas l'authenticité de nos textes. Ils en admettent le sens littéral, mais, par une interprétation subtile et une savante accumulation d'hypothèses, ils s'efforcent d'établir que nous ne pouvons en tirer aucun avantage, qu'ils ne prouvent rien ou qu'ils se retournent contre nous.

La thèse qu'ils soutiennent peut se résumer ainsi :

Avant la conquête de César, le Rhin n'était qu'une limite fictive imaginée par les géographes pour la commodité de leurs descriptions. Ni les Gaulois ni les Germains ne le considéraient comme une barrière entre leurs domaines respectifs. Des peuples entiers, Gaulois ou Germains, avaient souvent transporté leur rési-

---

(1) Suétone et Pline l'Ancien, Plutarque et Dion Cassius, pour ne citer que ceux-là, n'ajouteraient rien, mais ne changeraient rien non plus à ce que César, Strabon et Tacite nous ont appris.

dence d'une rive sur l'autre. C'étaient les Gaulois qui avaient commencé. Mais, quand les Germains furent devenus « la race dominante », ils passèrent en grand nombre sur la rive gauche et se fixèrent, sous différents noms, dans la Belgique, où César ne les soumit qu'après de rudes combats. Une fois maîtres de la Gaule, les Romains, réalisant la fiction des anciens géographes, décrétèrent que le Rhin lui servirait de frontière. Cette décision fut prise pour des raisons militaires, sans aucun souci de la nationalité des riverains. Les peuples germains de la Belgique conservèrent leurs cités, leurs territoires et même le nom qui rappelait leur origine, puisque le pays qu'ils habitaient entre le Rhin, les Vosges, les Ardennes et la Meuse forma, jusqu'à la fin de l'Empire, les deux provinces de Germanie supérieure et de Germanie inférieure.

C'est plus qu'une thèse, c'est tout un système historique qui n'a rien de nouveau pour nous : le Rhin allemand sur ses deux rives, depuis l'antiquité jusqu'à nos jours.

Que la limite du Rhin, limite historique, traditionnelle, si l'on veut, mais nullement fictive, de deux peuples de races différentes et presque toujours en guerre, ait été mal respectée, personne n'a jamais soutenu le contraire.

Que les Gaulois aient les premiers porté leurs armes de l'autre côté du fleuve, nous avons pour le croire une excellente raison, dont les Allemands n'aiment pas à parler. Des textes anciens et des découvertes archéologiques récentes prouvent que nos ancêtres ont occupé, pendant trois ou quatre cents ans, la Bavière et la

Bohême, dont les noms rappellent encore ceux des Boïens des bords de l'Allier, que les Helvètes ont peuplé de leurs colonies le Tyrol et la Souabe. — Mais, les Germains ont tout repris. Ils ont exterminé ou chassé tous les Welches. — Tous ? ce n'est pas démontré. Beaucoup de gens instruits et compétents, même certains docteurs d'outre-Rhin, admettent la persistance d'un élément celtique dans l'Allemagne du Sud. Cette opinion, qui se défend par des arguments sérieux, est violemment combattue par les pangermanistes. Nous n'avons pas à prendre parti dans leur querelle. Elle est sans intérêt pour nous. S'il était prouvé que les Bavarois ont quelques gouttes de sang gaulois dans les veines, nous ne devrions pas être fiers de cette parenté.

Que les peuples germains se soient, à différentes époques, établis en Gaule, les Français l'ont toujours admis. Tous ces peuples n'y sont pas entrés en conquérants. Quelques-uns y ont été transportés sous la domination romaine, par mesure disciplinaire. D'autres étaient venus de leur plein gré, cherchant un refuge contre la haine et les violences de leurs compatriotes. Quels sont ces peuples, d'après la liste que les Allemands en ont dressée ? Les Triboques de Strasbourg, les Némètes de Spire, les Vangions de Worms, les Ubiens de Cologne, les Tungres de Liége, les Atuatuques de Namur, les Nerviens de Mons, et enfin les Trévires. On nous affirme que tous ces peuples sont de race germanique. Cette origine est à peu près certaine pour deux ou trois, douteuse et même invraisemblable pour la plupart, manifestement fausse en ce qui concerne les Trévires. Saint Jérôme, voyageant chez les Galates, descendants de tribus gauloises fixées depuis six cents ans dans l'Asie Mineure, raconte qu'il a rencontré près d'Ancyre des paysans qui parlaient le patois des environs de Trèves et qui étaient compris, sans difficulté, dans les cantons voisins.

Un simple coup d'œil sur la carte explique pourquoi les Allemands tiennent à s'annexer les Trévires et d'autres Gaulois non moins authentiques. Si l'on réunit en un seul groupe les territoires des nations germaniques, on s'aperçoit qu'ils correspondent exactement à ce qu'on appelle aujourd'hui l'Alsace, le Palatinat bavarois, la Prusse rhénane, la Hollande et les trois quarts de la Belgique jusqu'à l'Escaut. « Les Allemands, a dit M. l'abbé Wetterlé, ont tout militarisé. » — tout, même la géographie ancienne, qui leur fournit des « cartes de guerre » et des cadres pour leurs futures annexions.

Laissons de côté la question des races, qui n'est pas de notre ressort. Un fait s'impose, qu'aucun homme de bon sens ne met en doute, c'est l'existence d'une nationalité gauloise, à laquelle Belges, Celtes et Aquitains étaient également fiers d'appartenir. Très ancienne et très vivace, elle s'était maintenue et développée, en dépit des conditions les plus défavorables : absence d'unité et même d'entente entre les différents peuples, anarchie, lutte de classes et révolutions dans les cités. Elle était même trop fière et trop jalouse pour supporter, dans les limites que la nature lui avait assignées, l'établissement d'une nationalité rivale. Les immigrés germains, peu nombreux, isolés au milieu de populations gauloises d'une civilisation plus avancée, ont subi leur ascendant et se sont transformés sous leur influence : ils sont devenus Gaulois par assimilation.

Toutes les nations de la Gaule, sans distinction de région ni d'origine, défendirent leur liberté contre César avec une énergie désespérée. Quand elles eurent déposé les armes, toutes acceptèrent la domination romaine avec une facilité et une bonne grâce qui surprirent les vainqueurs eux-mêmes. Ils s'y accoutumèrent très vite et méritèrent bientôt d'être cités comme exemples aux autres provinces de l'Empire. Moins d'un siècle après la conquête, Claude vantait devant le Sénat « leur soumission éprouvée au delà de tout ce qu'on peut dire, qui ne s'est point démentie dans les temps les plus troublés de notre histoire ».

On explique ce phénomène historique par l'affinité du génie gaulois et du génie latin, par la douceur et l'habileté de l'administration impériale qui pacifie la Gaule, sans l'asservir, et lui permet de conserver sa nationalité dans le cadre de l'unité romaine. Ajoutez les bienfaits matériels, fondation de villes nouvelles, restauration et embellissement des anciennes cités, construction de nombreux monuments, de routes, qui n'ont pas disparu, de ponts sur les rivières difficiles à traverser (il y en eut un sur le Rhin, à Mayence), développement de l'industrie, de la navigation, du commerce. Les Gaulois ne se trouvaient pas à plaindre, et l'on comprend que, sous ce régime, les **Gaulois soient vite devenus des patriotes romains.**

Tout cela est vrai, mais il y avait un autre lien entre les Gaulois et les Romains, c'était le « péril germanique », la crainte d'une invasion en masse, pareille à celle des Cimbres et des Teutons.

« Si les Romains ne viennent pas à notre secours, disait à César un député des Séquanes, dans peu d'années tous les Gaulois seront chassés de la Gaule et tous les Germains auront passé le Rhin. » A ce moment, le roi des Suèves, Arioviste, s'était établi en Alsace, à la tête de cent mille guerriers, fournis par cent tribus différentes, qui se vantaient de n'avoir pas dormi une seule nuit sous un toit depuis quatorze ans. Il exigeait des terres pour eux et prétendait avoir « sa Gaule », comme les Romains avaient la leur en Narbonnaise, et, en attendant, réduisait en esclavage amis ou ennemis. César rejeta les Suèves au delà du Rhin; mais, derrière eux, d'autres barbares étaient prêts à prendre leur place. Les sanglantes défaites qui leur furent infligées dans la suite par les généraux de l'empire ne les décourageaient pas : « Les Germains, disait l'un d'eux, ont toujours les mêmes motifs pour passer en Gaule : l'amour du plaisir et l'amour de l'argent, et le désir de changer de lieu. On les verra toujours, abandonnant sans regret leurs solitudes et leurs marécages, se jeter sur ces Gaules si fertiles pour asservir vos terres et vos personnes. » Les Gaulois ne le savaient que trop. La protection des Romains leur était plus que jamais nécessaire, et ce qu'ils pouvaient faire de mieux, c'était de les aider à défendre la frontière du Rhin.

Les empereurs eurent, tout d'abord, une ambition

plus haute. Pour protéger la Gaule et supprimer le péril germanique, il y avait un moyen radical, c'était de désarmer les Germains en occupant leur pays. Auguste l'essaya, d'abord avec succès. Le désastre de Varus et le massacre des trois légions l'obligèrent à ajourner son projet, sans l'abandonner. Le nom de Germanie, donné à la zone militaire de la rive gauche, n'était pas, comme le prétendent les Allemands, une sorte d'hommage officiel rendu à la nationalité de ses habitants. Il devait plutôt rappeler aux Germains de la rive droite qu'ils avaient été les sujets de Rome, et qu'ils pouvaient le redevenir. L'idée de réduire la Germanie en province a été souvent reprise par les successeurs d'Auguste. Elle fut, en partie, réalisée par l'organisation du territoire des Champs Décumates, c'est-à-dire d'un espace protégé par une ligne de retranchements qui s'étendaient entre le Rhin et le Danube, de Cologne à Ratisbonne. Cette contrée, ruinée par la guerre et à peu près dépeuplée, n'appartenait à personne, lorsque des aventuriers gaulois, des gens qui n'avaient rien à perdre, étaient venus y chercher fortune. Des colons romains les suivirent. Des Germains, qui avaient fait leur soumission, obtinrent, en échange du service militaire, des terres qu'on leur apprit à cultiver. Les Champs Décumates n'étaient pas, comme on l'a cru trop souvent, un pays de protectorat. C'était une véritable province, sous le régime d'un état de siège rigoureux, car l'ennemi était proche et les alertes fréquentes. Une forteresse, bâtie sur le mont Taunus, tenait en respect la redoutable nation des Cattes, les plus intelligents et les plus disciplinés des

Germains (1), tandis qu'une route stratégique, percée à travers la Forêt-Noire, permettait d'amener rapidement des renforts sur le Danube ou sur le Rhin.

Suivons cette route qui nous ramène en Gaule, et arrêtons-nous un instant devant la formidable ligne de défenses accumulées le long du fleuve. Argentoraratum (Strasbourg), Noviomagus (Spire), Borbetomagus (Worms), Moguntiacum (Mayence), avec sa tête de pont de Castellum ou Castel, Bingium (Bingen), Confluentes (Coblence), Antonacum (Andernach), Bonna (Bonn), Colonia Agrippina (Cologne) étaient des places fortes de premier ordre, dont les arsenaux et les magasins n'étaient jamais vides. Huit légions d'élite, les « divisions de fer » de l'armée romaine, y tenaient garnison sous le commandement des meilleurs généraux de l'Empire. Trajan, quand Nerva le choisit pour successeur, était gouverneur des deux Germanies. Une flottille, dont Coblence était le port d'attache, faisait la police du fleuve sur lequel les marchands naviguaient avec autant de sécurité que sur la Loire ou sur la Seine. Des villas élégantes, des fermes disséminées sur les deux rives attestaient la richesse et l'activité de la population. Le touriste — il y en avait déjà — qui visitait les bords du Rhin, constatait, non sans quelque surprise, qu'il voyageait dans un pays civilisé.

Civilisé, parce qu'il était protégé contre les Germains. Civilisé par les Romains. Les Allemands en convien-

---

(1) Les Cattes habitaient entre le Mein et le Weser. « Leur intelligence et leur finesse étonnent chez les Germains. » C'est Tacite qui fait cette remarque (*Germanie*, chap. XXX).

nent, et même, ce qui n'est pas très logique de leur part, ils en sont fiers.

Non seulement ils conservent, exhibent et commentent, avec une emphase un peu ridicule, les ruines, les inscriptions, les vestiges les plus insignifiants ou les moins authentiques de la domination romaine, mais ils ne perdent pas une occasion d'évoquer les grands souvenirs et les grands noms de cette époque, pour les mêler à leur histoire et s'en servir, comme s'ils leur appartenaient. C'est une manie qui date de loin. Au xii° siècle, Cologne honorait la mémoire de son fondateur Agrippa, en n'admettant aux fonctions municipales que les bourgeois « descendant des Romains ». Aujourd'hui, sous prétexte que Mayence a été fondée par Auguste, trois des bastions de la citadelle portent les noms de Drusus, de Germanicus, — et de Tacite.

Ce que les Allemands n'avouent pas, ce qu'ils se refusent à comprendre, c'est que les Romains n'ont pu mener à bonne fin leur œuvre civilisatrice qu'en y associant les Gaulois.

Sur six millions d'habitants disséminés dans toute la Gaule — c'est le chiffre généralement admis — on comptait tout au plus 150.000 Romains, presque tous établis dans les provinces méridionales. Le climat du Nord les effrayait. Sauf les fonctionnaires et un nombre restreint d'industriels et de négociants, la population de la Belgique est entièrement gauloise. Même dans les deux Germanies, les Gaulois sont en grande majorité.

Ce sont des armées recrutées en Gaule qui gardent pour l'Empire la frontière du Rhin : « Bons soldats à tout âge, dit Ammien Marcellin, et portant au service la même vigueur », jeunes et vieux s'engagent volontairement dans la légion gallique ou la légion de l'Alouette. Beaucoup de leurs officiers sont Gaulois. Ce sont des paysans gaulois qui ont défriché les forêts de l'Alsace, planté les vignes de la Moselle et du Rhin. Plus tard, ce sont des ouvriers gaulois qui peuplent ces manufactures de la Belgique, où l'on travaille assez « pour habiller et armer toutes les forces de l'Empire ». D'autres s'adonnent au commerce, deviennent fournisseurs des armées, rendent des services, qu'ils font, il est vrai, payer cher, et achètent de vastes domaines, dont l'exploitation intelligente augmente encore leur fortune, mais contribue à la prospérité économique du pays. Tous ces Gaulois commencent de bonne heure à parler latin. Chez les gens du peuple, c'est le latin rustique, que les soldats de César leur ont appris. Mais, dans les villes, à Trèves surtout, des grammairiens, des rhéteurs venus d'Italie, ouvrent des écoles, qui n'ont rien à envier pour le nombre de leurs élèves et l'éclat de leur enseignement aux écoles célèbres d'Autun ou de Bordeaux.

Trèves, qui se vantait d'avoir été fondée treize cents ans avant Rome, était, avec Reims, la ville la plus célèbre de la Belgique. Ruinée par César, magnifiquement rebâtie par Auguste, embellie et surtout fortifiée par ses successeurs, elle fut toujours considérée comme le camp retranché de l'empire contre « les haines perpétuelles et les colères inexpiables » des Barbares. Pour les empereurs qui y résidèrent, au IIIe et au IVe siècle, ce fut moins une capitale qu'un grand quartier général. Leur palais était une citadelle, dont les murailles sont encore debout, et l'on montre à côté l'amphithéâtre, où Constantin jeta un jour tant de prisonniers germains que les lions ne purent pas tous les dévorer. Trèves eut encore un autre rôle. Cité populeuse et florissante, industrieuse et lettrée, elle fut un centre d'attraction, où l'élément gaulois et l'élément romain se rapprochèrent et finirent par se confondre en face de l'ennemi commun. Trèves n'a peut-être pas été, comme le veut le poète Ausone, la seconde ville de l'empire, mais elle a été, dans la Gaule du Nord, le berceau de la civilisation gallo-romaine, qui est la nôtre.

Pas plus que Metz, sa voisine, aucun lien matériel ou moral ne la rattache à la Germanie d'outre-Rhin. Quand Charles IV, dans sa bulle d'or de 1356, règle les titres conférés aux électeurs de l'empire, il n'en trouve pas d'autre pour l'archevêque de Trèves que celui d'archichancelier des Gaules.

De la part des Allemands, ce n'était qu'une fanfaronnade : nous l'enregistrons comme un aveu.

CHAPITRE II

Le Rhin pendant les invasions. — L'Époque mérovingienne. — L'Empire de Charlemagne.

A la fin du IVe siècle, au moment où les fils de Théodose se partagèrent l'Empire, deux mondes, de tout point différents et ennemis, se trouvaient en présence dans l'Europe occidentale : *Romania*, c'est-à-dire la Gaule romaine et civilisée, et *Barbaria*, c'est-à-dire la Germanie.

La barrière du Rhin, qui les séparait, avait été forcée plus d'une fois, dans les derniers temps. On avait jusque-là réussi à la relever. Du jour où les brèches furent irréparables, la période des invasions commença. Il y en eut tant qu'il est presque impossible de les compter.

Les Gaulois s'attendaient aux pires calamités. On leur avait raconté, ou ils avaient lu dans les récits des historiens, que les Germains combattaient avec des armes extraordinaires, des boules enflammées ou rougies au feu, avec des javelots ou des flèches empoisonnées, que l'espoir du pillage leur faisait supporter toutes les fatigues, que le brigandage n'était point une honte à leurs yeux, quand ils l'exerçaient en dehors de leur territoire, qu'il ne fallait jamais se fier à leur parole, parce que c'était une race née pour le mensonge et que, pour eux, la force était le droit (1). La réalité dépassa en horreur tout ce que les malheureux Gaulois avaient pu imaginer.

Les provinces voisines du Rhin furent, naturellement, les plus éprouvées. Une lettre d'un contemporain, saint Jérôme, donne une idée de ce qu'elles ont souffert lors de la grande invasion de 406 : « Mayence, noble cité jadis, a été prise et ruinée de fond en comble; ils ont massacré plusieurs milliers de personnes dans l'église. Les citoyens de Worms, qui s'étaient défendus, ont été massacrés. Les habitants d'Amiens, d'Arras, de Tournai, de Spire, de Strasbourg, ont été transportés en Germanie (2). » Les Wisigoths, les Burgondes et les Francs restèrent en Gaule avec le consentement de l'empereur Honorius qui n'avait pas le moyen de les en empêcher.

L'invasion des Huns, en 451, fut plus terrible encore. Partis des bords du Danube et entraînant à leur suite la moitié des peuples germains, ces nouveaux ennemis de l'empire avaient pour chef cet Attila, dont les plus nobles familles magyares inscrivent le nom en tête de leur arbre généalogique (3), tandis que les

---

(1) *Natum mendacio genus* (Velleius Paterculus). — *Jus in viribus habet* (Pomponius Mela). Il faut citer les textes. On ne nous croirait pas.

(2) *In Germaniam translati*. — Comme les Belges aujourd'hui.

(3) L'empereur Guillaume n'a pas manqué d'en donner le nom à un de ses fils.

Allemands lui font une place d'honneur dans leur épopée nationale des Niebelungen. Les Huns franchirent le Rhin, sur un front de 200 kilomètres, entre Bâle et Mayence. Ils entrèrent, sans coup férir, dans Trèves, détruisirent Metz, où il ne resta pas pierre sur pierre, Reims, où l'évêque eut la tête tranchée dans sa cathédrale, et cent autres villes de la Belgique, dont les habitants furent massacrés. La dévastation était voulue, ordonnée, pour ainsi dire organisée par Attila qui la déchaînait et d'un mot pouvait la suspendre, comme il le fit, en épargnant Troyes, à la prière de son évêque.

Pour atteindre au plus tôt la Loire, dont un traître promettait de lui livrer le passage, il terrorise les Gallo-Romains, qui auraient pu gêner sa marche et leur déclare que « l'herbe ne repousse pas, là où son cheval a passé ».

Deux hommes sauvèrent la Gaule : l'évêque Gallo-Romain d'Orléans, Anianus (saint Aignan), qui arrêta les Barbares sous les murs de sa ville épiscopale, et le général de Valentinien III, Aétius.

Aétius, bien que né en Italie, était d'origine barbare, fils d'un officier scythe naturalisé Romain, très peu soumis à son maître, qu'il méprisait, mais fidèle à la cause de l'empire et connaissent bien les Barbares, parmi lesquels il avait longtemps vécu. Ceux qui étaient déjà établis en Gaule, Wisigoths, Burgondes, Francs, répondirent à son appel et marchèrent avec lui « au secours de la République ». Orléans fut délivré, et les Huns reculèrent sur l'Aube, puis sur la Seine, où le roi des Francs Mérovée mit en déroute leur arrière-garde. Mais la bataille qui devait décider du sort de la Gaule, la première bataille de la Marne, fut livrée plus au Nord, dans les *Champs catalauniques*, probablement entre Châlons et Reims. Dans cette épouvantable mêlée, cent soixante-deux mille combattants perdirent leur vie. Aétius, vainqueur, mais trop affaibli et trop peu sûr de ses alliés, n'essaya pas de détruire les vaincus. Les Francs seuls poursuivirent Attila et le forcèrent à repasser le Rhin avec les débris de son armée.

Trente ans plus tard, en 481, le successeur de Mérovée, Childéric, meurt à Tournai, et son fils, Clovis, lui succède, à la tête de la nation des Francs.

Les Francs n'étaient pas des nouveaux venus dans la Gaule du Nord. Ils y étaient entrés comme ennemis (1), ils y étaient restés comme alliés, comme soldats de l'Empire, les Saliens d'abord, entre la Meuse et l'Escaut, plus tard les Ripuaires, sur les bords du Rhin. Les Gaulois étaient déjà accoutumés à leur présence et leur reconnaissaient certaines qualités qui manquaient aux autres Germains : « Les Francs, disait-on, ne sont pas étrangers à la civilisation et aux mœurs des Romains. Pour des barbares, ils ont de l'éducation et de la politesse. » Sans prendre cet éloge à la lettre, il faut reconnaître que les Francs, et surtout leurs chefs, cherchaient à se concilier les anciens habitants du pays, en se présentant à eux non comme destruc-

---

(1) Ce point n'est pas certain. Il est fort possible que les Francs, au moins ceux qui ont conquis la Gaule, aient été dès l'origine des colonies militaires au service de l'empire (Fustel de Coulanges).

teurs, mais comme successeurs de l'administration romaine. Clovis, vrai barbare, mais intelligent et bien conseillé, applique avec une réelle habileté cette politique qui lui réussit parfaitement. Baptisé à Reims par saint Remi, champion de la foi catholique qui est celle des anciens sujets de l'Empire, contre les rois ariens des Burgondes et des Wisigoths, il étend sa domination sur toute la Gaule, dit Grégoire de Tours, « grâce aux souhaits et à la satisfaction de tous ».

Mais ce qui contribue plus encore à rapprocher, à unir les Francs et les Gallo-Romains, c'est que Clovis reprend le rôle des anciens défenseurs de la Gaule et combat résolument les Germains, qui voudraient encore l'envahir, comme les Alamans, en 496. Il les chasse de la Belgique par sa sanglante victoire de Tolbiac, leur reprend l'Alsace, les poursuit au delà du Rhin, ravage leur territoire et ne leur accorde la paix qu'à la prière de son beau-frère, Théodoric, roi d'Italie.

La guerre recommence sous les fils de Clovis et dure à peu près sans interruption pendant toute la période mérovingienne. Mais elle se fait sur la rive droite, où Clotaire II et Dagobert l'ont transportée. Les habitants de la rive gauche en profitent pour rebâtir leurs villes et remettre en culture leurs campagnes dévastées. Des évêques francs restaurent les sièges épiscopaux de Spire, Worms, Strasbourg, Mayence. Des abbayes nouvelles sont fondées à Remiremont, Malmédy, Liége, Maëstricht. Cette prospérité renaissante excite les convoitises des Germains. Les Alamans, les Frisons, les Saxons s'agitent, se liguent pour envahir la Gaule franque, au moment où la décadence de la dynastie mérovingienne et la grande querelle de la Neustrie et de l'Austrasie semblent la mettre à leur merci.

Les pangermanistes attachent une importance extraordinaire à cette querelle, qui pourtant ne les regarde pas. Elle n'intéresse que les Français.

Les Austrasiens et les Neustriens appartiennent à une même nation, celle des Francs, gouvernée tantôt par un seul, tantôt par plusieurs princes de la même famille. Les noms par lesquels on les distingue, — Francs de l'Est et Francs de l'Ouest, — n'ont jamais eu pour eux qu'une signification géographique (1). L'Austrasie et la Neustrie étaient des régions et non des Etats. Dans la liste des Mérovingiens, on trouve des rois de Metz, de Soissons, d'Orléans, de Paris; il n'y a pas de roi de Neustrie, ni de roi d'Austrasie.

Les Francs de l'Est et les Francs de l'Ouest s'entendent assez mal entre eux et se font souvent la guerre. Mais ils se retrouvent d'accord et unissent leurs forces quand il s'agit de combattre les Germains. Ceux-ci de leur côté enveloppent dans une haine commune la nation des Francs tout entière. Ils lui font tout le mal possible et pillent indifféremment les terres des Neustriens et celles des Austrasiens, plus souvent celles-ci, parce qu'elles sont plus à leur portée.

Les Allemands d'aujourd'hui raisonnent tout autrement que leurs ancêtres. La division tout accidentelle de la nation française en deux, au vi⁰ siècle, offrait un

---

(1) Ils disaient : les *gens de l'Est*, les *gens de l'Ouest*, comme nous disons les *Méridionaux* ou les *gens du Nord*. — Les noms d'Austrasiens et de Neustriens étaient bien moins usités qu'on ne le croit généralement. Le premier ne se trouve que deux fois dans Grégoire de Tours. Le second ne s'y rencontre pas.

trop beau prétexte aux théories pangermanistes. Ils n'ont eu garde de la négliger. Puisque la France était coupée en deux, c'est donc qu'elle comprenait deux peuples distincts. La ligne qui les séparait était une ligne ethnographique. Les Neustriens seuls étaient des Francs, les Austrasiens étaient de race germanique! Et, bien entendu, la comparaison s'établit entre les deux peuples, tout à l'avantage de ces derniers.

Les Neustriens, amollis au contact des Welches, dont ils ont pris les vices, ont perdu rapidement le souvenir de leur origine et ne sont plus que les « faux frères des nobles Germains ». Les Austrasiens au contraire ont conservé intacts le caractère et les traditions, l'énergie guerrière et les fortes vertus des populations d'outre-Rhin. Ce sont de vrais et loyaux Germains. Non seulement ils n'ont jamais renié leur nationalité primitive, mais ils l'ont communiquée au pays qui leur appartenait. Détachée de la Gaule par la conquête, la région austrasienne est devenue terre germanique et par conséquent allemande, puisque les Allemands sont les héritiers des Germains.

La conclusion était prévue. Pour en mesurer l'extravagance, jetons les yeux sur cette région austrasienne dont on veut faire une région allemande. Qu'était-ce donc que l'Austrasie? Il ne s'agit pas, comme on pourrait le croire, de cette bande étroite de territoire comprise entre la Meuse et le Rhin, si souvent disputée ou partagée. La véritable Austrasie, l'Austrasie mérovingienne, s'étendait entre l'Escaut, l'Oise et le Rhin, depuis la Marne jusqu'à la mer du Nord. La Moselle, la Meurthe et la Sarre, la Meuse et la Sambre coulaient tout entières sur son territoire, qui comprenait en outre la vallée de l'Aisne jusqu'aux abords de Soissons, la moitié de la Champagne, même un coin de l'Ile-de-France, aussi bien que la Lorraine, l'Alsace et les pays rhénans. Cambrai, Laon, Reims et Châlons figuraient parmi les cités austrasiennes au même titre que Verdun, Toul, Metz et Strasbourg, Trèves, Mayence et Cologne, sans compter Namur et Liége, Maëstricht, Arnhem et Utrecht. Entre ces villes et ces provinces, que se partagent aujourd'hui cinq Etats différents, la théorie pangermaniste n'admet aucune distinction. Elle les adjuge en bloc à la grande Allemagne, qui en possède effectivement une partie et conserve sur les autres des droits qu'elle n'a jamais laissé prescrire. Elle peut les réclamer, quand elle le voudra, et fera bien de les reprendre, dès qu'elle le pourra. La thèse peut vous paraître insensée : elle a été soutenue sérieusement et obstinément depuis un siècle, par tous les patriotes allemands. Quand Reventlow ou Bassermann exposent aujourd'hui leurs « buts de guerre », ils ne vont pas beaucoup plus loin que Blücher, Gentz, ou Hardenberg, en 1815. Les « annexionnistes modérés » tendent au même but par des voies différentes. Ils se défendent de vouloir des conquêtes, ils ne veulent annexer que les territoires « indispensables pour garantir à la nation allemande son indépendance, la sécurité de ses frontières et le développement normal de sa prospérité économique » (1). Qu'on les laisse faire, qu'on leur permette

---

(1) Par exemple Belfort, Verdun et la ligne de la Meuse en Belgique; les mines de fer et les établissements métallurgiques du Briey et de Longwy, les bassins houillers de Liége, de Charleroi,

de compléter et de relier entre elles ces annexions partielles par un ingénieux système de contrôle politique, unions commerciales, conventions militaires, etc., et ils auront vite fait de constituer un nouveau groupe d'Etats germaniques — une Allemagne cisrhénane de 18 millions d'habitants — dans le cadre historique de la vieille Austrasie.

Ces énormités sont la condamnation de la thèse allemande : pour soutenir que l'Austrasie était germanique, il faut germaniser jusqu'au centre de la France de vastes territoires habités par des Français dont la nationalité n'a jamais offert même l'apparence d'une ambiguïté.

Au surplus, la thèse de l'Austrasie allemande n'a été inventée que pour en préparer et en justifier une autre : il ne s'agissait pas tant de germaniser l'Austrasie que de germaniser Charlemagne. Pous les historiens allemands, Charlemagne était un Germain, précurseur, sinon fondateur du Saint-Empire : son histoire est un chapitre de la glorieuse histoire de l'Allemagne.

Il nous est facile de prouver le contraire.

Charlemagne est un Franc de race austrasienne, dont les ancêtres, Pépin de Landen, Arnulf, Pépin d'Héristal, Charles Martel, Pépin le Bref, avaient successivement gouverné le royaume de Metz en qualité de maires du palais. Il était né dans quelque manoir des Ardennes ou des bords de la Meuse, probablement en pays belge, mais sûrement de ce côté-ci du Rhin. Couronné roi en même temps que son père, à Soissons,

---

du Nord et du Pas-de-Calais, et le port d'Anvers, en attendant Flessingue et Rotterdam.

par saint Boniface, puis à Saint-Denis, par le pape Etienne II, il réside d'abord à Noyon, jusqu'à la mort de son frère Carloman, et réunit sous son autorité, à partir de 771, non seulement l'Austrasie et la Neustrie, mais la Bourgogne et la Provence, c'est-à-dire toute la Gaule, telle qu'elle avait été conquise et civilisée par les Romains. A son titre de roi des Francs, qui signifie désormais roi des Gaules, Charles ajoute, en 774, celui de roi des Lombards, qui veut dire roi d'Italie, et, le jour de Noël de l'année 800, dans la basilique de Saint-Pierre, le pape Léon III le proclame « auguste, grand et pacifique empereur des Romains ».

Il ne peut y avoir d'équivoque sur le caractère de cette restauration impériale. Elle est, selon l'excellente définition de Jules Zeller, « la réaction, contre la Germanie, du peuple gallo-franc et de la civilisation chrétienne et latine ». Mais cette réaction n'a pas été l'œuvre d'un jour, ni d'un règne. Les Mérovingiens, de Clovis à Dagobert, après eux, les maires austrasiens n'avaient pas seulement brisé sur la ligne du Rhin les assauts répétés des Barbares, ils les avaient contre-attaqués chez eux, ravageant leurs terres, détruisant leurs villages et brûlant leurs idoles pour venger les églises incendiées et les prêtres massacrés (1), obligeant enfin les chefs des Alamans, des Bavarois, des Frisons à se reconnaître alliés, c'est-à-dire vassaux et tributaires des Francs. Charlemagne changea l'alliance

---

(1) Saint Boniface, que les Allemands ont pris pour patron, était un moine anglais, envoyé par le pape Grégoire II pour évangéliser la Germanie. A l'âge de soixante-quinze ans, il s'était démis de l'archevêché de Mayence pour redevenir missionnaire. Les Frisons l'assassinèrent, non par fanatisme païen, mais pour le voler.

en une véritable sujétion, et, lorsque, après trente-trois ans d'une guerre sans merci, il eut réduit les Saxons à déposer leurs armes, on peut dire de lui, sans aucune exagération, « qu'il avait dompté tous les peuples barbares qui vivent dans la Germanie entre le Rhin et la Vistule, entre le Danube et l'Océan ». En somme il a mené à bonne fin une entreprise que les Romains avaient jugé au-dessus de leurs forces : il a fait de la Germanie tout entière une province de son empire, et il a essayé, ce qui était plus difficile encore, d'en faire une province du monde civilisé.

Que la domination carolingienne ait eu pour les Germains les plus heureux résultats, c'est une vérité dont personne ne doute. Mais il y en a une autre tout aussi évidente, c'est que cette domination leur a été purement et simplement imposée par la conquête; qu'ils ne l'ont acceptée qu'avec une extrême répugnance, sous la menace de pénalités terribles, qui n'étaient édictées que contre eux (1); qu'ils n'ont contribué en aucune façon à l'établissement de l'Empire, qu'ils n'ont eu aucune part à son gouvernement, et qu'il est par conséquent absurde de nous présenter cet Empire comme un Etat germanique.

Les Allemands connaissent aussi bien que nous toute cette histoire, mais ils se refusent à la comprendre.

La légende qu'ils lui substituent n'a pas beaucoup changé depuis le Moyen âge. Ils l'ont alourdie de tout le poids de leur érudition et de leur phraséologie philo-

(1) Dans les deux capitulaires « pour le pays des Saxons », la peine de mort revient à chaque ligne : contre celui qui refuse le service militaire ou le paiement de la dîme, contre celui qui brûle les morts au lieu de les enterrer, etc.

sophique; ils ne l'ont ni corrigée ni rajeunie. Pour eux, comme pour les vieux chroniqueurs, *Karl der Grosse* est le véritable César germain, l'ancêtre vénéré de la nation allemande, qui lui a donné conscience de sa force et de son unité, et lui a marqué la route qu'elle levait suivre pour conquérir le monde. Les pangermanistes du XII° siècle ont fait de Charlemagne un saint : ceux d'aujourd'hui nous déclarent qu'il est un « surhomme », et lui donnent une place d'honneur dans leur panthéon. Au musée de Berlin, on montre son portrait, sur fond d'or, entre ceux de Solon et de Frédéric le Grand.

Pour nous, qui traitons sérieusement notre histoire et voyons les choses telles qu'elles sont, Charlemagne est « l'héritier de la Gaule franque, l'élève de la politique latine » et le propagateur de la civilisation latine, dont les Gallo-Romains avaient conservé la tradition. C'est dans la Gaule franque, entre la Meuse et le Rhin, qu'il fixe dès 773 sa résidence habituelle, comme les empereurs romains du IV° siècle, et pour les mêmes raisons. Aix-la-Chapelle, qui succède à Trèves comme capitale des Gaules, s'élève sur l'emplacement d'une ville romaine brûlée par les Huns, *Aquisgranum, Civitas aquensis* (1). Les anciennes cités de la rive gauche du Rhin redeviennent aussi florissantes qu'au temps d'Auguste et de Trajan. Charlemagne les visite souvent et séjourne volontiers dans son beau palais d'In-

---

(1) On y a découvert des autels et des inscriptions en l'honneur de *Junon*, d'*Isis frugifera* et de *Fortuna redux*. Les colonnes de marbre qui ornent la cathédrale ont été envoyées de Rome par le pape Léon III, sur la demande de Charles, « qui ne pouvait s'en procurer ailleurs ».

gelheim, près de Mayence, dont il reconstruit le pont. Sur la rive droite, des colons austrasiens ont repeuplé les anciens Champs Décumates et créé sur les bords du Mein une « France orientale » dont le principal centre est Francfort. Cette ville est déjà assez importante pour que Charles y réunisse, en 794, l'assemblée générale de l'Empire. Mais la région du Rhin et l'ancienne Austrasie ne profitent pas seules de son activité bienfaisante. Elle s'étend à toutes les autres parties de la Gaule qu'il visite fréquemment pour rendre la justice à ses sujets, s'enquérir de leurs besoins, honorer et enrichir leurs sanctuaires nationaux de Saint-Denis, où son père Pépin et sa mère Berthe sont enterrés, et de saint Martin de Tours. Il ne fait aucune différence entre ses sujets, quel que soit le nom qu'ils aient autrefois porté, et de tous il reçoit les mêmes respects et la même obéissance. Pour tous, Francs ou Gallo-Romains d'Austrasie, de Neustrie, de Bourgogne ou de Provence, Charlemagne est vraiment un souverain national. Il est roi des Gaules, et ce ne serait peut-être pas trop s'avancer que de dire qu'il est déjà roi des Français.

CHAPITRE III

Le Traité de Verdun.

En 1836, un professeur d'Heidelberg interrogé par Edgar Quinet sur les intentions de l'Allemagne à l'égard de la France, lui répondait : « Nous voulons la ramener au partage de Verdun entre les fils de Louis le Débonnaire. »

Les contemporains de Louis-Philippe ne virent là qu'une boutade sans conséquence et dont on pouvait rire : ils avaient tort : le professeur parlait sérieusement.

La Révolution de 1830 avait remis sur le tapis la question de la frontière du Rhin. On l'avait discutée en France avec une ardeur qui avait inquiété et surtout irrité les Allemands. Ils la traitèrent à leur tour avec un pédantisme agressif, qui serait déjà ridicule, même si leur argumentation avait quelque apparence de fondement. Remontant dans l'histoire jusqu'au démembrement de l'empire de Charlemagne, ils s'avisèrent que l'Allemagne possédait dans le traité de Verdun la charte de ses droits historiques et le programme de ses revendications légitimes contre l'ennemi héréditaire.

Cette thèse étrange, enseignée d'abord dans les universités, est aujourd'hui répandue dans toutes les classes de la société allemande. Les pangermanistes en ont fait un article de foi. Ils l'ont simplifiée à l'usage des écoles primaires, résumée dans des manuels qui la mettent à la portée de toutes les intelligences, et condensée pour ainsi dire en quelques formules tranchantes, que les journaux et les orateurs des sociétés patriotiques se chargent de commenter : — Au moyen âge, tant que l'Allemagne a été assez forte pour faire respecter le traité de Verdun, Liége et Gand, Lyon et Marseille étaient des villes allemandes (1). Quant à Metz et à Strasbourg, il n'est pas nécessaire d'en parler. Toute la Lorraine et toute l'Alsace ont été pays germaniques. « Les Français se les sont appropriées, morceau par morceau, par de véritables trahisons. » Ne vous récriez pas. — « Tout ce que la France possède actuellement en dehors de ses limites de 843, a été usurpé par elle et peut lui être repris sans injustice. Toute extension nouvelle de son territoire aux dépens de l'Allemagne, toute tentative de sa part pour rentrer en possession de la rive gauche du Rhin, serait « un attentat contre le droit public, une violation de la foi jurée. »

Un attentat contre le droit public! Les Allemands ne devraient pas parler de ces choses-là. Une violation de la foi jurée! A propos d'un « chiffon de papier »

---

(1) Un patriote de 1848 réclamait l'annexion de Milan, sous prétexte que cette ville a été prise — et d'***** — en 1162, par l'empereur Frédéric Barberousse.

signé par les petits-fils de Charlemagne, il y a tout juste mille soixante-quinze ans! Ces absurdités ne méritent aucune réponse.

Nous avons, il est juste de le constater, des adversaires plus sérieux.

Les érudits allemands ne cessent de nous reprocher de ne pas connaître à fond l'histoire du traité de Verdun. Si nous avions lu Giesebrecht, Waitz, Abel, Simson, Dümmler, Mühlbacher, et quelques autres encore, nous saurions à quoi nous en tenir et nous n'oserions plus parler de la frontière du Rhin.

Il est certain que les ouvrages de ces messieurs — et même leurs noms — ne jouissent pas chez nous de la même notoriété qu'en Allemagne. Il y a pourtant un assez grand nombre de bons Français qui ont lu jusqu'au bout leurs gros livres, et qui n'ont pas changé d'avis au sujet du traité de Verdun.

Nos ennemis sont très documentés sur cette histoire. Leurs travaux sont fort érudits et d'une valeur scientifique incontestable. Quant à l'usage qu'ils font des pièces historiques, c'est une autre affaire. Il n'est pas téméraire de dire qu'ils « arrangent » l'histoire, comme Bismarck arrangeait la dépêche d'Ems. C'est ce qui a ôté à leurs conclusions toute espèce de valeur.

La thèse allemande peut être ramenée aux quatre points suivants :

1° Le traité de Verdun réalise en 843 le démembrement définitif de l'Empire carlovingien;

2° Il a exercé une influence décisive sur la formation des Etats de l'Europe occidentale. C'est à partir du traité de Verdun que les nations germanique, française et italienne ont eu dans des cadres distincts une existence séparée;

3° Ce traité enlève à la nation française au profit de de la nation germanique un tiers du territoire de l'ancienne Gaule, et assigne comme frontières au royaume de « France occidentale » l'Escaut, la Meuse, la Saône et le Rhône, au lieu des Alpes et du Rhin;

4° Ces conditions ont été acceptées, sans protestation ni réserve, par le roi Charles le Chauve, chef légitime et représentant autorisé de la nation française. En les ratifiant par sa signature et par un serment solennel, il a engagé ses héritiers et successeurs, ses sujets nés ou à naître et leurs descendants à perpétuité. Donc la France est liée par le traité de Verdun, liée envers l'Allemagne qui a bénéficié de ce traité et le tient toujours pour valable.

Il faut reprendre chacun de ces quatre points et les juger à la lumière des faits.

1° Le partage de Verdun ne constitue ni en droit ni en fait le démembrement définitif de l'Empire carolingien.

En 840, à la mort de Louis le Débonnaire, Lothaire, sous prétexte qu'il est l'aîné et que son père lui a transmis la dignité impériale, exige de ses frères le serment d'obéissance, les traite en rois provinciaux, et veut qu'ils lui cèdent la plus grosse part de l'héritage. Louis et Charles refusent, unissent leurs forces et font appel au jugement de Dieu. Vainqueurs à Fontanet, en 841, ils resserrent leur alliance par le célèbre serment de Strasbourg, mais, plutôt que de continuer une guerre qui les épuise, ils se rendent à l'avis des grands et des évêques, proposent une trêve que Lothaire accepte, et une entrevue, où le principe d'un arrangement amiable est admis. Les négociations, aussitôt engagées, ne sont qu'un interminable marchandage. Les parts devant être égales, chacun des trois princes cherche à faire entrer dans la sienne les comtés, les évêchés, les abbayes, qui sont à sa convenance, non d'après leur situation géographique, mais d'après les revenus qu'il espère en tirer. Une commission de cent vingt évêques ou seigneurs, chargée d'en faire l'estimation, adjuge à Louis le Germanique, sur la rive gauche du Rhin, les villes et territoires de Mayence, Worms et Spire, afin qu'il ait aussi dans son lot des pays produisant du vin. Si la vigne avait été dès lors cultivée sur les coteaux fameux de la rive droite, Sternberg, Markbrünn et Johannisberg, la délimitation n'aurait pas été la même, et un article au moins du « contrat » de Verdun aurait été changé.

Ces faits suffisent à mettre en lumière le véritable caractère du traité. La guerre entre Lothaire et ses frères était une guerre entre deux puissances. Si Lothaire avait été vainqueur, c'était l'unité de l'Empire qui subsistait : Louis et Charles étaient ruinés : Lothaire aurait régné seul, comme son père et son aïeul. La victoire des deux frères, au contraire, faisait triompher le principe du partage — non pas du démembrement, puisque l'Empire subsistait, que Lothaire restait empereur, et que les Etats des trois partageants continuaient à former un tout — mais d'un lotissement qui faisait sa part à chacun des deux frères dans l'héritage commun.

Pour bien comprendre la portée de ce traité, il faut se rappeler qu'il n'est pas un fait isolé, ni même un fait dominant dans l'histoire de la dynastie carolingienne. Ce n'est pas non plus, à l'époque où il se produit, un fait nouveau. Déjà l'histoire des Mérovingiens n'est autre que l'histoire des partages successifs du royaume de Clovis. Charlemagne, qui avait pourtant fondé l'unité de l'Empire, avait lui-même compris que la vieille tradition reprendrait ses droits après lui : aussi, tant pour amener la paix intérieure de l'Empire que pour prévenir toute contestation entre ses héritiers, avait-il songé, de son vivant, à partager son immense territoire. On compte deux partages sous son règne, en 781 et en 806, cinq sous Louis le Débonnaire, à Aix-la-Chapelle, en 817, Worms, en 829, Crémieu, en 835, Aix-la-Chapelle, en 837, Worms, en 839. Le partage de Verdun n'arrive qu'au huitième rang, dans l'ordre chronologique. Et il y en a encore trois autres dans les années qui suivent, en 863, 870 et 878. Tous ont été solennellement acceptés par les princes, ratifiés par les grands et les évêques. Tous ont la même valeur aux yeux des contemporains. Ils les ont modifiés sans cesse, précisément parce qu'ils ne les regardaient pas comme définitifs. Nous avons assurément le droit de penser comme eux. Mais il faut aller au fond des choses : aucun de ces traités, celui de Verdun pas plus que les autres, n'a démembré l'Empire.

Ce traité reconnaît aux trois fils de Louis le Débonnaire des droits égaux et une entière indépendance en ce qui concerne le gouvernement de leurs Etats, mais il ne rompt pas, il renforce au contraire le lien de la fraternité qui doit les unir, et il l'étend à leurs sujets.

Les trois royaumes forment ensemble le domaine national du peuple franc, le *commune regnum Francorum*, que les princes carolingiens considèrent comme le patrimoine collectif et inaliénable de leur famille. Ils l'appellent *regnum nostrum*. Ils s'engagent à vivre en bonne intelligence, à se prêter secours en toutes circonstances et à ne pas permettre que la succession de l'un d'entre eux passe à d'autres qu'à ses héritiers légitimes. On ne peut pas dire que ces promesses soient restées sans effet. Souvent violées, mais toujours renouvelées après leurs réconciliations, elles ont servi de base à tous les arrangements conclus entre les membres de la fédération carolingienne jusqu'à la restauration éphémère de l'unité impériale au profit de Charles le Gros, en 884. La faiblesse et la lâcheté de ce prince provoquent un soulèvement général. Il n'y a ni congrès, ni partage. Les peuples se groupent comme ils l'entendent, sous les chefs qui leur conviennent. Alors, mais alors seulement, en 887, l'Empire est vraiment démembré. Loin d'avoir provoqué ou hâté ce dénouement, le traité de Verdun l'a retardé d'un demi-siècle.

C'est là l'exacte vérité. Il n'y a pas un fait, pas un texte qui permette d'affirmer le contraire.

2° Que le traité de Verdun ait eu une influence réelle sur la formation des grands Etats de l'Europe occidentale, le fait est exact, et il faut le regretter : cette influence a été néfaste pour la France et pour l'Italie. L'Allemagne elle-même en a beaucoup souffert, avant d'être en état d'en tirer profit.

« Avant les Carolingiens, dit très justement M. Lavisse, Gaule, Italie, Germanie avaient leur existence séparée. » Elles avaient aussi leurs frontières naturelles et historiques, que la conquête franque n'avait pas changées. Ces trois pays étaient habités par des peuples différents d'origine, de mœurs, de caractère et d'esprit. Rapprochées, sans l'avoir désiré, mais nullement confondues dans l'unité factice de l'Empire, les trois nationalités française, italienne et germanique aspiraient plutôt à l'autonomie qu'à l'indépendance. Chacune d'elles aurait obéi volontiers à un roi carolingien, si on lui en avait offert un pour elle toute seule. Les négociateurs de Verdun ont d'autres soucis en tête. Il s'agit pour eux de contenter les princes. Les peuples s'arrangeront comme ils pourront avec les nouveaux maîtres qu'on leur donnera.

Dans le partage de 843, Charles reçoit, ou plutôt conserve la partie occidentale de la Gaule, la Neustrie, une partie de la Bourgogne, l'Aquitaine et, au Sud des Pyrénées, les Marches espagnoles, Navarre et Catalogne. Louis ajoute à la Souabe et à la Bavière qu'il possédait déjà, la Franconie et la Saxe et règne, à l'Est du Rhin, sur les peuples germains. Lothaire était roi d'Italie depuis 817, et s'était emparé de l'Austrasie à la mort de son père. Pour compléter son lot, le traité lui accorde, entre les deux royaumes de ses frères, une bande de territoire comprenant les deux tiers de la Bourgogne et de l'ancienne province romaine de Narbonnaise (la Provence), plus la Frise, c'est-à-dire le littoral de la mer du Nord, entre le Rhin et le Weser, au Nord du royaume de Louis le Germanique.

Par cette étrange répartition des peuples et des territoires, le domaine historique de la nation française est mutilé, la nation germanique reste divisée en groupes hétérogènes, fort éloignés pour le moment de toute assimilation. Leur pays n'est plus la Germanie et n'est pas encore l'Allemagne. Entre les deux, le royaume de Lothaire, assemblage informe d'éléments disparates, de peuples qui s'ignorent ou se haïssent, de provinces qui n'arriveront jamais à constituer un Etat, et qui tomberont l'une après l'autre sous la domination de leurs puissants voisins.

Telle a été l'influence — absolument néfaste — du partage de Verdun sur le développement des nationalités et la formation des Etats de l'Europe occidentale.

3° Le traité de Verdun enlève à la nation française les pays compris entre la Meuse et le Rhin, pour ne parler que de ceux-là. Mais à qui les a-t-elle cédés? — A Louis le Germanique, représentant la nation allemande? — Non, à Lothaire, qui ne représente rien du tout, qui n'est pas plus Allemand que Français, et qui confond en sa personne tant de nationalités qu'il finit par n'en avoir aucune. Les contemporains n'ont pas trouvé de nom pour désigner l'ensemble de ses domaines. Lui-même est appelé tantôt roi d'Italie, tantôt roi des Francs, aussi bien que ses deux frères. Le titre d'empereur qu'ils lui ont laissé, ne lui confère aucune suprématie et n'a rien de germanique. Lothaire est « empereur des Romains », comme l'était Charlemagne, comme le sera Charles le Chauve, à la fin de son règne. Donc, même sous le régime du traité de Verdun, la rive gauche du Rhin n'est pas devenue allemande.

Quant à la nouvelle frontière orientale imposée à la nation française, elle est infiniment plus compliquée qu'on ne le croit d'ordinaire d'après les livres d'histoire, même d'après les nôtres. Elle commence sur la mer du Nord, à l'embouchure de l'Escaut, qu'elle remonte jusqu'à sa source, se dirige ensuite vers l'Est, entre la source de la Sambre et celle de l'Oise, touche la Meuse au Nord de Mézières, *mais ne la suit pas :* à l'Ouest de ce fleuve, le Verdunois, jusqu'à l'Argonne, le Barrois et le Bassigny, jusqu'au cours supérieur de la Marne et de l'Aube, sont abandonnés à Lothaire. Au Sud du plateau de Langres, la frontière suit la Saône jusqu'au-dessous de Mâcon, s'en écarte vers l'Ouest, laissant à Lothaire, entre le Rhône et les Cévennes, le Lyonnais et les évêchés de Viviers et d'Uzès. Elle se rapproche enfin du Rhône, qu'elle atteint à Avignon et suit jusqu'à la mer.

Rien de plus absurde que cette délimitation improvisée par des négociateurs qui ne connaissaient même pas la situation exacte des pays dont ils disposaient. Les commissaires envoyés pour la vérifier sur place n'étaient guère plus habiles. Ceux de Charles le Chauve se laissèrent tromper ou gagner par les agents de Lothaire (1). Leurs rapports inexacts et les instances des grands qui désiraient la paix, le déterminèrent à signer un traité qui aurait été désastreux pour la nation française, s'il avait dû l'obliger pour toujours.

4° C'est jouer sur les mots que de prétendre que Charles le Chauve, en signant le traité de Verdun, a renoncé aux pays placés dans le lot de ses frères. Il y

---

(1) L'historien Nithard raconte que Charles perdit ainsi, par la faute de deux de ses envoyés, *sur la rive droite de la Meuse*, la forêt des Ardennes, qui devait être comprise dans son lot.

a deux choses dans le traité de Verdun : un pacte de famille, que les trois frères — et non pas seulement Charles — s'engagent à observer, et un partage territorial qui peut et même doit être remanié. L'occasion de ce remaniement ne tarda pas à se présenter. Dès 855, Lothaire abdiquait et divisait ses Etats entre ses trois fils. L'aîné, Louis II, eut l'Italie; Charles reçut la Provence et la Bourgogne; Lothaire II hérita de l'ancienne Austrasie, qui porta désormais son nom : Lotharingie, Lotherreigne, *Lothringen* ou Lorraine. En 863, Charles de Provence mourut : ses frères Louis II et Lothaire II se partagèrent ses Etats. Le pacte de Verdun n'était pas violé. Les lots étaient remaniés, par le principe essentiel du traité : l'union de tous les pays de l'Empire subsistant intégralement. Il en fut de même à la mort de Lothaire II, quand Charles le Chauve, appelé par les seigneurs et les évêques de la Lorraine, réclama l'héritage de son neveu, en vertu d'un capitulaire non abrogé de Charlemagne, se fit couronner dans la cathédrale de Metz comme « roi et successeur de Louis le Pieux et de Clovis », défendit sa nouvelle acquisition par les armes contre son frère Louis le Germanique, et finit par le partager avec lui (Traité de Mersen, 9 août 870) (1). Ce nouveau traité, qui a en tous cas pris la place du traité de Verdun, n'a pas plus que le premier fondé un droit nouveau ni démembré l'Empire.

Le traité de Verdun, d'ailleurs, avait été violé dans

---

(1) Les conditions du traité ne sont pas exactement connues. La part de Charles le Chauve comprenait la partie occidentale, soit, suivant toute vraisemblance, la Lorraine actuelle et la Haute-Alsace.

ses dispositions essentielles, dès avant cette date, et cela par les Allemands.

En 859, Louis le Germanique envahit, sans aucune provocation, le royaume de Charles le Chauve, dans l'intention arrêtée et avouée de le dépouiller et de réunir son lot au sien propre. Il ne s'arrêta que devant l'énergique protestation de l'archevêque de Reims, Hincmar, appuyée par une armée française. C'était le principe même du pacte de famille que cette agression mettait en question, c'est la destruction du traité de Verdun que les Allemands poursuivaient. Il est assez piquant de le constater aujourd'hui que, pour les besoins de leur politique, les Allemands d'aujourd'hui érigent ce traité en charte territoriale de l'Europe.

Charles le Chauve, de son côté, a-t-il émis des prétentions contraires à l'esprit de ce traité? A-t-il essayé de revenir sur le principe même du partage? C'est possible : la discussion de ce point historique n'a pas ici sa place. Mais en ce qui concerne les frontières assignées par le traité, jamais il ne les a considérées comme séparant définitivement deux pays désormais étrangers l'un à l'autre. C'était là une conception que personne n'avait ni ne pouvait avoir alors.

Peu importent, d'ailleurs, les intentions ou les promesses de Charles le Chauve. Il n'avait pas qualité pour engager la France, ni pour modifier la portée des actes. Or, le traité de Verdun était un pacte de fraternité carolingienne pour la conservation de l'Empire franc. Après la déposition de Charles le Gros, en 887, il n'y a plus de Carolingiens qu'en France, et il n'y a plus d'Empire franc, donc plus de pacte. A quoi s'appliquerait-il et par qui serait-il appliqué? S'il a jamais eu une importance historique quelconque, elle a duré 44 ans en tout. C'est se moquer du public que d'exhumer ce fossile.

CHAPITRE IV

Les Revendications françaises. — Le Moyen age.
Derniers Carolingiens et premiers Capétiens.

Si le traité de Verdun n'est à aucun titre une charte du droit public de l'Europe, il n'en a pas moins, de ce fait, ainsi que les traités qui lui ont succédé, des résultats d'une importance capitale, et désastreux pour la France.

Sept royaumes sont sortis du démembrement définitif de l'Empire carolingien : France, Germanie, Italie, Bourgognes Transjurane et Cisjurane, Lorraine et Navarre.

Les Français s'étaient donné comme roi un seigneur neustrien, le comte Eudes, qui avait vaillamment défendu Paris contre les Normands. Ce prince, mal obéi, conçut la fâcheuse idée d'aller solliciter à Worms l'appui du pseudo-Carolingien Arnulf, un Bavarois de naissance illégitime qui régnait en Germanie. Mais les grands de la Neustrie et de l'Aquitaine se révoltèrent et mirent à sa place un petit-fils de Charles le Chauve,

Charles III, très injustement surnommé le Simple, Carolingien authentique et bon Français.

Malgré la faiblesse de ses ressources, l'indocilité de ses vassaux et les embarras que lui causent les Normands, Charles inaugure la politique des revendications nationales que suivent sans défaillance les derniers Carolingiens.

En 912, il reprend aux Allemands le royaume de Lorraine et le garde jusqu'à la fin de son règne. Le roi de Germanie Henri Ier lui en reconnaît la possession. Les deux princes ont une entrevue amicale, en face de Bonn, dans une barque, au milieu du Rhin. Le successeur de Charles, Raoul, bien qu'il ne fût pas de la race carolingienne, réussit d'abord à conserver la Lorraine, mais Henri Ier la lui enleva, en 923, et la transmit à son fils Othon Ier, qui se fit couronner à Aix-la-Chapelle. Raoul se consola de son échec en délivrant la Bourgogne d'une invasion des Magyars, qui n'étaient pas encore les alliés des Allemands.

Plus puissant et plus ambitieux que ses prédécesseurs, Othon est le fondateur du Saint-Empire Romain Germanique, qui n'est pas une continuation, mais une contrefaçon de l'Empire de Charlemagne. Les historiens pangermanistes n'en font-ils pas l'aveu inconscient, quand ils assignent au nouvel empereur « une mission providentielle », consistant à faire régner partout les idées d'ordre et de respect et les vertus dont l'Allemagne donnait l'exemple?

Les Carolingiens français ne s'inclinent pas devant cette mission providentielle. Louis IV d'Outre-Mer (936-954) tente deux fois de rentrer en possession de la Lorraine, se fait couronner à Verdun, et de là passe en Alsace, où Charles le Simple et Raoul avaient déjà essayé de s'établir. Il séjourne tout un hiver à Brisach et chasse du pays les chefs du parti allemand. La défection du duc de France, Hugues le Grand, et du comte de Vermandois, lui fait perdre ses conquêtes. Il rend la Lorraine à Othon par le traité d'Attigny (939).

Mais les Lorrains, qui avaient si souvent appelé les rois de France, étaient pour le prince allemand des sujets d'une fidélité douteuse. Il chargea son frère Bruno, archevêque de Cologne, de les germaniser, en morcelant leur pays. Ce *statthalter* du x° siècle divisa l'ancien territoire austrasien en deux duchés : Haute-Lorraine ou Lorraine mosellane, et Basse-Lorraine ou Brabant. L'archevêché de Trèves et les trois évêchés de Metz, Toul et Verdun furent déclarés fiefs immédiats de l'Empire. Louis IV ne protesta pas. Il était devenu le beau-frère, l'allié ou plutôt le protégé du roi de Germanie.

Son fils, Lothaire (954-986), fut plus fier et plus énergique. Il se proposait, dit un chroniqueur, de « rétablir intégralement son royaume tel qu'il était autrefois » (1). En 973, à la mort d'Othon I", il soutint contre son successeur, Othon II, les fils de Régnier, comte de Mons, qui avait été en Lorraine un des chefs du parti français. Les Allemands furent battus, mais la trahison de son frère Charles, qui accepta de l'empereur le duché de Basse-Lorraine sous condition d'hommage, obligea le roi de France à ajourner ses projets d'agrandisse-

---

(1) « *Tentavit redintegrare regnum ut olim fuerat.* » Raoul Glaber.

ment. Il les reprit avec plus de décision et d'ampleur en 978, entra dans la Lorraine mosellane, à la tête d'une armée de vingt mille hommes, « dont les rangs serrés semblaient une forêt mouvante », reçut à Metz le serment des seigneurs du pays, et faillit surprendre à Aix-la-Chapelle Othon II, qui n'eut que le temps de s'enfuir avec sa femme Théophano. Les Français s'emparèrent des ornements impériaux, et Lothaire fit tourner vers la France l'aigle de bronze qui surmontait le palais de Charlemagne. Il ne s'arrêta que trois jours dans la ville et se remit à la poursuite de l'empereur. Mais Othon était déjà en sûreté sur la rive droite du Rhin, où il rassemblait une armée pour venger « son ignominie ». Un messager vint de sa part signifier à Lothaire qu'avant un an il ne serait plus roi de France, et ce ne fut pas une vaine menace. Soixante mille Allemands envahirent la Champagne et l'Ile-de-France, pillant et brûlant tout sur leur passage (1), et campèrent sur la butte Montmartre, défiant Paris, qu'ils n'osèrent pas attaquer. La ville était forte; Lothaire, qui s'y était enfermé, était prêt à la défendre, et le duc de France Hugues Capet lui amena des renforts. L'empereur ordonna la retraite. Les Allemands plièrent bagages en chantant un *Alleluia* — personne n'a jamais su pourquoi — et reprirent la route du Rhin, poursuivis par Lothaire et Hugues, qui en tuèrent ou noyèrent quelques milliers au passage de l'Aisne. La guerre finit par une transaction assez singulière. Les deux princes

---

(1) Othon épargna la ville de Reims, parce qu'il espérait la garder. Mais le vieux palais de Compiègne fut incendié, ainsi que le monastère de Sainte-Bathilde, à Chelles.

convinrent dans une entrevue, sur les bords du Chiers, que l'empereur garderait la Lorraine, mais la tiendrait en fief du royaume de France.

La mort d'Othon II, en 983, et l'avènement de son fils Othon III, qui n'avait que trois ans, fournissent à Lothaire une troisième occasion, qu'il ne laisse pas échapper, de faire valoir ses droits. L'oncle du jeune prince, Henri le Querelleur, duc de Bavière, prétend à la régence. Lothaire la lui dispute, alléguant une parenté d'ailleurs réelle, puisque sa mère était sœur d'Othon Ier, et trouve parmi les seigneurs de la rive gauche du Rhin de nombreux partisans. Le Bavarois, effrayé, offre au roi de France de lui céder toute la Lorraine, y compris l'Alsace. Le roi ayant accepté, rendez-vous fut pris pour une conférence qui devait avoir lieu à Vieux-Brisach, sur la rive droite du Rhin, le 1er février 985. Il y vint, mais n'y trouva pas le duc de Bavière. Sans se décourager, il entreprit seul la conquête de la Lorraine, assiégea Verdun qu'il prit, perdit et reprit, en y laissant cette fois une forte garnison. D'autres conquêtes auraient suivi, si Lothaire n'était pas mort prématurément (il n'avait que quarante-cinq ans), peut-être empoisonné, certainement trahi.

Il a été trahi par ce parti pacifiste et germanophile, qui avait déjà circonvenu Louis IV à la fin de son règne, et qui avait pour chefs, dans l'entourage même de Lothaire, l'archevêque de Reims Adalbéron, son secrétaire, Gerbert, la reine Emma et, dans les derniers temps, le duc de France, Hugues Capet, à qui l'on faisait dès lors espérer la couronne en échange de l'abandon définitif de la Lorraine. Lothaire soupçonnait ce complot, qui n'éclata pourtant qu'après sa mort, sous son fils Louis V (1), qui tenta de réagir, mais fut débordé. Tandis qu'il faisait mettre en jugement la reine Emma et l'archevêque Adalbéron, leurs complices *livraient Verdun* sans combat aux Allemands et négociaient avec la régente de l'Empire, Théophano, un traité par lequel la France renonçait à la Lorraine. Ils le signèrent, et, le 17 mai 987, Béatrix, duchesse de Lorraine Mosellane et sœur de Hugues Capet, l'apporta à Compiègne, où était le roi. Comment fut-elle accueillie et que se passa-t-il alors? Tout ce que nous savons, c'est que, quatre jours après, Louis V mourut d'une chute de cheval, — d'un accès de colère qui s'expliquerait assez bien, — ou d'autre chose — *sans avoir ratifié le traité*. Rien ne s'opposait plus à l'exécution du plan des conjurés. Le lendemain des funérailles du roi, Hugues convoque une assemblée des grands qui proclame l'innocence de la reine Emma et de l'archevêque de Reims. Une seconde assemblée, réunie à Noyon, et présidée par Adalbéron, écarte sans débat les prétentions du frère de Lothaire et déclare que Hugues était seul digne de porter la couronne. Il fut sacré à Reims le 3 juillet, et ratifia trois semaines après le traité honteux que Louis V n'avait pas voulu signer. « Hugues Capet, dit très justement M. Monod, est monté sur le trône avec l'appui des Allemands et le prix de leur alliance a été l'abandon de toute revendication sur la Lorraine. »

C'est par là que cette révolution dynastique nous

---

(1) Surnommé fort mal à propos le *Fainéant* par ceux qui l'ont empêché de faire ce qu'il voulait.

intéresse. Mais de l'ensemble des faits qui précèdent, nous avons d'autres conclusions à tirer :

1° Jamais les Carolingiens français n'ont désavoué ni abandonné d'une manière définitive leurs prétentions légitimes sur l'ensemble des pays de la rive gauche du Rhin appelés alors Lorraine et quelquefois Belgique;

2° Leurs revendications ont un caractère national. Ce qu'ils réclament, ce n'est pas un bien de famille ou une propriété dynastique, c'est une partie du royaume, c'est l'héritage de la France;

3° Ils ne s'occupent pas du traité de Verdun et ne perdent pas leur temps à le discuter. Pour eux, les seules frontières qui conviennent au royaume de France sont celles de l'ancienne Gaule.

Les Allemands s'aperçurent bientôt que les Capétiens professaient les mêmes maximes. Ce fut une déception pour les gouvernants du Saint-Empire, qui croyaient avoir droit à leur reconnaissance et comptaient sur leur docilité. Mais la faiblesse apparente de la nouvelle dynastie les rassurait.

Hugues Capet fut pourtant assez fort pour triompher, après une guerre de trois ans (988-991), de son compétiteur, Charles de Basse-Lorraine, qu'il retint prisonnier jusqu'à sa mort. Les Allemands étaient restés neutres et s'étaient même offerts comme médiateurs. Au fond, ils n'étaient pas fâchés d'être débarrassés de Charles, vassal très inconstant de l'Empire et chef, en Lorraine, du parti français.

La persistance et la vitalité de ce parti s'expliquent par une raison très simple dont les Allemands se gardent de nous parler. Leur prétendu « royaume de Lothaire », c'est l'Austrasie, l'ancienne Gaule Belgique, dont la population celtique, romaine et franque, par conséquent française, n'est pas plus devenue allemande du fait de l'annexion que celle de l'Alsace-Lorraine après le traité de Francfort. Elle conserve ses traditions, ses usages, sa langue même — la langue romane du Nord, — au moins dans la Lorraine mosellane et le pays wallon des Ardennes et de la Meuse. Elle défend autant qu'elle le peut sa nationalité contre l'immigration, contre « la colonisation » germanique, dont elle a beaucoup à souffrir : des seigneurs d'outre-Rhin, turbulents et avides, se partagent ses meilleures terres, l'entraînent, malgré elle, dans leurs querelles qui ne l'intéressent pas, et dont elle paie les frais. Sous le règne de l'empereur Henri III, l'Alsace est mise à feu et à sang, et la ville de Strasbourg à moitié détruite. Il n'est pas surprenant que, dans ces conditions, les Français de Lorraine se soient tournés vers la France et aient demandé au Capétien Robert, successeur de Hugues, de les délivrer des Allemands. Robert promit de leur donner pour roi un de ses fils. Devant les menaces de l'empereur Conrad II, il n'osa pas donner suite à ce projet (1025).

Un des grands vassaux de la couronne de France, le puissant comte de Champagne, Eudes, fut moins timide. Après avoir disputé à Conrad, pour son propre compte, le royaume de Bourgogne transjurane, il entra en Lorraine à la tête d'une armée nombreuse de seigneurs français, écrivant aux Italiens, ses alliés, qu'il célébrerait cette année même les fêtes de Noël dans la capitale de Charlemagne. Repoussé devant Toul par l'évêque Bruno, qui était un Allemand, il s'empara de Bar-le-Duc et marchait sur Verdun lorsqu'il fut tué dans une sanglante bataille (1037).

Le suzerain du comte de Champagne, le roi Henri Ier (1031-1060), n'aurait pas demandé mieux que de le venger. Pendant tout son règne, il entretint des intelligences avec les seigneurs lorrains mécontents, toujours en révolte contre l'Empire. Il leur promettait l'appui de ses armes et jurait au duc de Brabant, Godefroy le Barbu, d'aller jusqu'à Aix-la-Chapelle, « en vertu de son droit héréditaire ». Les choses ne furent pas poussées si loin, mais, après avoir vaincu les Lorrains, l'empereur Henri III crut devoir négocier avec le roi de France. Dans l'entrevue d'Yvoi (Carignan, dép. des Ardennes), Henri Ier réclama toute la partie de la Lorraine où l'on parlait français. L'empereur, furieux, proposa de vider la querelle en combat singulier. Henri Ier lui tourna le dos sans lui répondre et la conférence fut rompue. Du moins, Henri III restitua leurs domaines à Godefroy et aux autres princes lorrains alliés du roi de France (1056).

A partir du règne de Philippe Ier, la rivalité des rois de France et des ducs de Normandie, devenus rois d'Angleterre, détourne l'attention des Capétiens de notre frontière de l'Est et les empêche de profiter des embarras de l'Allemagne divisée par les interminables querelles du Sacerdoce et de l'Empire. Cependant, bien que la France ne prenne aucune part directe à ce conflit, la politique qu'elle suit à l'égard de la Papauté est nettement opposée à celle de l'Empire et provoque deux guerres, dans lesquelles les Allemands sont les agresseurs, et qui se terminent l'une et l'autre à l'avantage des Capétiens.

Dans la première, sous Louis VI (1108-1137), l'empereur Henri V prétend punir la France d'avoir osé donner asile au pape Calixte II qui l'avait excommunié. Tandis qu'il réunissait péniblement quelques milliers d'hommes en Lorraine (presque tous les seigneurs lorrains refusent de le suivre), le roi de France vit accourir à son premier appel les grands vassaux, les comtes de Flandre, de Champagne et d'Anjou, les ducs d'Aquitaine et de Bretagne, toute la noblesse du royaume, les bourgeois des communes, les paysans sous les bannières de leurs paroisses. Cette armée, forte de plus de soixante-dix mille hommes, s'arrêta sous les murs de Reims, impatiente d'en venir aux mains avec les Allemands qui n'arrivaient pas. On parlait d'aller les chercher. « Marchons hardiment vers eux; qu'ils ne s'en retournent pas impunément dans leur pays et qu'ils soient châtiés de la présomption avec laquelle ils ont attaqué la France. Que leur arrogance soit punie comme elle le mérite, non dans notre terre, mais sur leur propre territoire, qui, de par le droit royal des Français, a si souvent été soumis à la France (1). » Les chefs avaient peine à contenir l'ardeur de leurs soldats. L'empereur ne parut pas. Il n'avait pas dépassé Metz et, « faute de cœur, disent les *Chroniques de Saint-Denis*, il se retira en sa terre et fit semblant d'aller ailleurs pour sa honte couvrir. »

(1) *Terra... jure regio Francorum Francis sæpe perdomita.* (Suger, *Vie de Louis VI.*)

Le fait est qu'il alla à Worms extorquer vingt mille marcs d'argent aux bourgeois, sous prétexte d'une révolte (1125).

La mésaventure de Henri V rendit ses successeurs plus prudents. En 1163, le très puissant et très orgueilleux empereur Frédéric Barberousse, qui traitait de « rois provinciaux » tous les princes étrangers, somma le roi Louis VII de retirer sa protection au pape Alexandre III, réfugié en France. Il lui donnait trois semaines pour obéir. Louis VII refusa tout net, et l'empereur n'insista pas.

Une seconde guerre éclata pourtant entre Philippe-Auguste et l'empereur excommunié Othon IV, neveu et allié du roi d'Angleterre Jean-Sans-Terre. Elle eut son dénouement à Bouvines, le 25 juillet 1214. Un soldat français, Pierre Malvoisin, saisit par la bride le cheval de l'empereur, tandis que d'autres frappaient à coups redoublés sur son armure impénétrable. Grâce au dévouement d'un de ses chevaliers, Othon put s'enfuir, mais il laissait sa bannière et son aigle d'or, les ailes rompues, entre les mains des Français.

Les circonstances ne permirent pas au roi de France de tirer parti de la victoire remportée sur l'Empire. Cependant, il aurait dit un jour, suivant une vieille chronique : « Je songe aux moyens de rendre le royaume de France aussi grand qu'il l'était sous Charlemagne. » Rien ne prouve que ce propos soit authentique. Mais l'ambition prêtée au vainqueur de Bouvines semblait toute naturelle à ses contemporains. Peu leur importait que la première femme de Philippe-Auguste, Isabelle d'Artois, fût d'origine carolingienne (1). Pour être l'héritier légitime de Charlemagne, il suffisait qu'il fût roi de France.

Philippe le Bel ne doute pas plus de ses droits que Philippe-Auguste, et il en est tout aussi fier, mais il les revendique autrement qu'en paroles. Son ambition réaliste et pratique écarte les projets vastes et chimériques, s'attache à des objets déterminés, obtient des avantages positifs et en prépare de plus considérables pour l'avenir. Il entame la Gaule Belgique et progresse dans la direction du Rhin, presque sans guerres, grâce à une habile politique d'encerclement et d'infiltration, d'interventions locales et de réunions consenties par les intéressés.

L'encerclement se dessine, dès les premières années du règne, par une série de petites entreprises et de « coups de sonde » sur toute la ligne de la frontière, depuis le Jura jusqu'à l'Escaut. Dans la Franche-Comté (1) et la Haute-Alsace, Philippe soutient contre les empereurs Rodolphe de Habsbourg et Adolphe de Nassau, les comtes de Bourgogne, de Montbéliard et de Ferrette, qui lui ouvrent leurs forteresses et offrent de se donner à la France. Les comtes, vaincus, traitèrent avec l'empereur, sans rompre leurs relations avec le roi. Philippe profita de cette guerre pour faire entrer des troupes françaises dans la Haute-Alsace, dont les bourgeois, maltraités par les soldats allemands,

---

(1) Elle descendait de Charles de Basse-Lorraine, le compétiteur de Hugues Capet.
(1) Ou comté de Bourgogne, qui formait avec la plus grande partie de la Suisse le royaume de Bourgogne transjurane, vassal de l'Empire.

avaient imploré sa protection. Elles y restèrent pendant trois ou quatre ans (1285-1297).

L'infiltration se produit de diverses manières, mais toujours au profit de la France. Un historien allemand constate qu'à cette époque beaucoup de terres lorraines échurent par héritage ou par mariage à des maisons françaises, qui les réunirent à leurs seigneuries de la Champagne. D'autre part, des prélats français, surtout l'archevêque de Reims, possédaient au delà de la frontière de nombreux domaines dont le roi était le protecteur naturel et qui passaient l'un après l'autre sous sa juridiction. Ce fut ce qui arriva pour Vaucouleurs et Domremy. Enfin, les complications du droit féodal permirent à Philippe le Bel d'exiger du comte de Bar l'hommage qu'il refusa, de saisir ses biens et d'occuper même la partie de l'évêché de Verdun située entre l'Argonne et la rive gauche de la Meuse (1288-1297).

Au nord, les interventions des Capétiens avaient été fréquentes dans les affaires fort embrouillées des comtes de Flandre, vassaux de la couronne de France, pour leurs domaines de la rive gauche de l'Escaut, de l'Empire, depuis le XIe siècle, pour le pays de la rive droite, comté de Hainaut et « Flandre impériale », entre Gand et Alost. En 1292, les bourgeois de Valenciennes, révoltés contre leur comte se souvinrent que leurs ancêtres avaient été Français et donnèrent la ville à Philippe le Bel. Adolphe de Nassau forma une ligue pour la lui reprendre. Philippe lui en opposa une autre, dans laquelle entrèrent le duc de Brabant et même le duc de Lorraine. Bien qu'il fût le plus fort, il ne désirait pas la guerre et accepta volontiers la médiation du pape Boniface VIII, qui laissa les choses en suspens. Adolphe fut tué peu après dans un combat contre Albert d'Autriche qui lui disputait l'Empire (1298).

Albert engagea aussitôt des négociations avec Philippe le Bel. Les deux princes avaient besoin l'un de l'autre, l'un pour faire reconnaître par le pape son titre impérial et en assurer la transmission à son fils aîné, Rodolphe, l'autre pour régler à son avantage la question des frontières de Lorraine. De là la célèbre entrevue de Quatre-Vaux, entre Toul et Vaucouleurs (8 décembre 1299), à laquelle assistaient trois des électeurs de l'Empire, et qui aboutit à une entente complète, à une alliance (1). Les historiens allemands ne le contestent pas. Ils reprochent même à Albert d'avoir accordé des conditions trop favorables à la France.

Quelles étaient ces conditions? « On dit, écrit un moine de Saint-Denis, Guillaume de Nangis, qu'il fut convenu que le royaume de France, dont l'extrême frontière était marquée par le cours de la Meuse, reculerait ses limites jusqu'au Rhin. » Un autre contemporain, le célèbre légiste Pierre Dubois, avocat du roi au bailliage de Coutances, mentionne également ce fait, sans en garantir l'exactitude. C'est un bruit qui a couru, une opinion accréditée parmi les Français d'alors, qu'aucune déclaration officielle n'a confirmée, mais qui n'a jamais été démentie que par les historiens allemands, dont les dénégations ne prouvent rien (1).

---

(1) Philippe donna sa sœur en mariage au fils de l'empereur.
(1) Leur principal argument, c'est qu'aucun écrivain allemand de cette époque ne parle de cet abandon de la rive gauche du Rhin

Il est certain qu'Albert n'a pas cédé directement à Philippe le Bel des territoires appartenant à des princes de l'Empire : il n'en avait ni le droit ni le pouvoir. Mais qu'il ait reconnu en principe la légitimité des revendications françaises — Guillaume de Nangis ne dit pas autre chose — qu'il ait promis au roi de ne pas s'opposer à l'extension de son influence et de ses domaines dans la direction du Rhin, les faits suffisent pour le démontrer. Après l'entrevue de Quatre-Vaux, Philippe a les mains libres et agit en conséquence.

Dès le mois de novembre 1300, il se présente devant Toul, dont les bourgeois le supplient de les prendre, eux, leurs biens et leur cité, « à toujours et perpétuellement en sa protection ». Ils promettent de lui payer un impôt et de lui fournir des soldats contre tous, sauf contre l'empereur et leur évêque.

En 1301, le roi attaque le comte de Bar, Henri III, le fait prisonnier et l'oblige à se reconnaître son vassal, pour toute la partie de ses États située à l'ouest de la Meuse. Ce pays, appelé désormais le « Barrois mouvant », fut réuni pour toujours au territoire français.

Enfin, en 1305, Philippe signa avec l'évêque de Verdun un traité d'après lequel « le dit évêque, ses sujets et sa terre seront, dans leur pays, défenseurs et barrières pour le roi de France, ses sujets et son pays ». Ils serviront le roi, même contre « le roi d'Allemagne », si celui-ci « voulait ou essayait de porter dommage au royaume ». En revenant de Verdun, Philippe alla visi-

à la France. Il y en a un au moins qui y fait allusion, c'est l'annaliste saxon Ottocar d'Erfurt.

ter le duc de Lorraine, Thibault II, qui l'accueillit magnifiquement à Nancy.

Non seulement Albert d'Autriche ne proteste pas, mais il reste l'ami et l'allié de Philippe le Bel, qui lui prête ses soldats contre l'archevêque de Mayence, révolté. Le roi de France était devenu si puissant qu'après la mort d'Albert, en 1308, il songea sérieusement à faire élire empereur son frère Charles de Valois. « Personne ne pourra se plaindre, disait-il. L'Empire, jadis transmis des Grecs aux Francs, puis aux Italiens et enfin aux Allemands, reviendra aux Francs. »

Ce projet trop ambitieux n'ayant pas réussi, Philippe signa un traité d'amitié avec le nouvel empereur Henri de Luxembourg, qui le laissa annexer Lyon en 1310 (le roi aurait voulu le Rhône jusqu'à Genève), et donna à l'un de ses fils l'investiture de la Franche-Comté.

C'était une assez belle revanche du partage de Verdun. Il ne tenait qu'aux successeurs de Philippe le Bel de la rendre plus complète en suivant la politique qu'il avait inaugurée et qui a été celle de tous les rois de France jusqu'à Louis XIV.

CHAPITRE V

Charles VII et Louis XI. — Un Essai de Royauté austrasienne : Charles le Téméraire.

A partir de l'avènement des Valois, en 1328, la guerre de Cent Ans arrête forcément l'activité de la France sur sa frontière de l'Est. Si elle réussit encore, en 1349, à s'agrandir du Dauphiné, elle n'avance plus, elle recule plutôt en Lorraine, où Verdun et Toul échappent à son influence. Heureusement pour nous, l'Allemagne n'était pas en état de réagir. Sous les faibles souverains des maisons de Bavière et de Luxembourg, les électeurs, les ducs, les comtes et les évêques se gouvernent comme ils l'entendent, se battent entre eux et ne se retrouvent d'accord que pour désobéir à l'empereur. Cette espèce de dislocation de la monarchie impériale était particulièrement sensible sur la rive gauche du Rhin, où les princes allemands, liés d'intérêts avec les nations voisines, prenaient parti pour la France ou l'Angleterre et servaient celui qui les payait le mieux.

Les plus puissants de ces princes, ceux dont l'alliance

était le plus recherchée, étaient, parmi les laïques, le duc de Lorraine, suzerain du comté de Vaudemont et du « Barrois non mouvant », le duc de Brabant, seigneur de Malines et marquis d'Anvers, les comtes de Luxembourg et de Limbourg. Les landgraviats de Haute et de Basse-Alsace et la partie du Palatinat située sur la rive gauche du Rhin étaient partagés en un grand nombre de petits Etats souverains. Parmi les seigneurs ecclésiastiques, les archevêques électeurs de Mayence, Trèves et Cologne tenaient le premier rang. Ensuite venaient les évêques de Bâle, Strasbourg, Spire, Worms, sur le Rhin; de Toul et de Metz, sur la Moselle; de Verdun et de Liége, sur la Meuse. La plupart des cités épiscopales, comme Strasbourg et Cologne, étaient en même temps villes libres et formaient des républiques bourgeoises, gouvernées par des magistrats électifs.

La famille des comtes de Luxembourg a fourni au XIVe et au XVe siècles quatre empereurs : Henri VII, Charles IV, Wenceslas et Sigismond. C'est la seule dynastie impériale originaire de la rive gauche du Rhin. Elle a toujours été en bonnes relations avec la France. Jean de Luxembourg, roi de Bohême, s'est fait bravement tuer pour elle à Crécy, en 1346. Charles IV, fils de Jean, élevé à la cour de Philippe de Valois, beau-frère de Jean le Bon, qui avait épousé sa sœur, nous rend service par sa neutralité bienveillante après la désastreuse bataille de Poitiers. En 1378, il vient visiter à Paris son neveu, Charles V, qui l'accueille avec autant de cordialité que de magnificence, mais en prenant soin de faire sentir aux Allemands qui l'accompagnent, par un règlement minutieux du cérémonial, que le roi de France est « empereur en son royaume » et qu'il traite son oncle en égal.

Pendant les cinquante ans qui suivent la mort de Charles V (1380), la minorité, puis la démence de Charles VI, la guerre civile des Armagnacs et des Bourguignons et la détresse de Charles VII après le traité de Troyes, nous assistons à une reprise inattendue de l'expansion française. A défaut de la royauté trop affaiblie, ce sont les deux grandes maisons capétiennes de Bourgogne et d'Anjou qui en prennent l'initiative.

Philippe le Hardi, investi du duché de Bourgogne par son père Jean le Bon, en 1362, comte de Flandre par son mariage, en 1384, son fils Jean sans Peur, son petit-fils Philippe le Bon, réunissent à leurs domaines le Brabant, le comté de Namur, le Hainaut, le Luxembourg, le Limbourg, les comtés de Hollande et de Zélande, pays de l'Empire.

René d'Anjou, arrière-petit-fils du roi Jean et beau-frère de Charles VII, possédait déjà le duché de Bar lorsqu'il épousa, en 1420, Isabelle, fille et héritière du duc de Lorraine Charles II. Mais quand celui-ci mourut, en 1431, le comte Antoine de Vaudemont, son neveu, réclama la succession et fut soutenu par le duc de Bourgogne, Philippe le Bon, contre René d'Anjou, qui fit, de son côté, appel au roi de France (1). Il n'en fut pas moins vaincu et resta deux ans prisonnier des

---

(1) Les Lorrains étaient en grande majorité favorables aux Français contre les Anglais et aux Armagnacs contre les Bourguignons, alliés des Anglais. Quand Jeanne d'Arc partit de Vaucouleurs pour aller trouver le roi de France à Chinon, le duc Charles II voulut la voir et la fit venir à Nancy. Il lui donna un cheval et de l'argent pour s'équiper.

Bourguignons. Un arrangement provisoire, ménagé par Charles VII, lui rendit la liberté. La mort de son frère aîné le fit duc d'Anjou et comte de Provence, et la reine Jeanne de Naples lui légua son royaume, qu'il ne réussit pas à conquérir. Mais pendant qu'il se faisait battre en Italie, Charles VII, vainqueur des Anglais, leur imposait la trêve de Tours et n'attendait même pas d'avoir reconquis la Normandie et la Guyenne pour reprendre, plus franchement et plus vigoureusement encore que Philippe le Bel, la marche en avant vers la frontière du Rhin (1444).

Deux mois après la signature de la trêve, les troupes qu'elle rendait disponibles se rassemblaient en Champagne, et le roi venait en personne se mettre à leur tête, non pour attaquer l'empereur ni l'Empire, disait-il, mais pour leur venir en aide et répondre à leur appel, comme ses traités d'alliance l'y obligeaient. Les Allemands ne pouvaient pas prétendre le contraire. Ce n'était pas seulement René d'Anjou qui réclamait son appui contre Metz, Verdun et d'autres villes lorraines, c'étaient les seigneurs d'Alsace et de Souabe et l'empereur lui-même, l'Autrichien Frédéric III, qui le sollicitaient depuis trois ans d'intervenir contre les Suisses, voisins turbulents ou vassaux indociles, défenseurs obstinés du Concile schismatique de Bâle. Quand le dauphin Louis, chargé de les mettre à la raison, arriva à Montbéliard, toute la noblesse de l'Allemagne du Sud se rangea sous ses drapeaux.

Vainqueur des Suisses au rude combat de Saint-Jacques, Louis fit entrer ses troupes en Alsace, où il se brouilla avec ses alliés allemands, et signa avec les

Suisses, à Ensisheim, un traité « de bonne intelligence et de ferme amitié ». Si les bourgeois de Bâle avaient voulu l'écouter, ils auraient donné leur ville à la France (1).

Charles VII s'était réservé le règlement des affaires de Lorraine. Epinal, Verdun et Toul avaient ouvert leurs portes sans résistance. Metz soutint un siège, mais, quand les forts extérieurs furent pris, les bourgeois demandèrent à négocier. Ils représentèrent au roi « qu'ils n'étaient point de son royaume ni de sa seigneurie », que néanmoins, dans ses guerres avec le duc de Bourgogne et autres, ils avaient toujours reçu et conforté ses gens ». Le président du Parlement, Jean Rabateau, leur répondit « que le roi prouverait suffisamment, si besoin était, tant par chartes que chroniques et histoires, qu'ils étaient et avaient été de tout temps passé sujets du roi et du royaume ». Il ajoutait que le roi connaissait bien leur habitude : contre l'Allemagne, ils se disaient tenants du royaume de France et de la couronne; contre le roi, ils étaient « de l'Empire et sujets de l'Empire ». Charles VII finit cependant par accepter leurs propositions, pour ne pas rompre avec ses alliés d'Allemagne qui le trouvaient trop exigeant. Moyennant une grosse indemnité, il reconnut les droits de l'Empire sur Metz, Toul et Verdun, à la condition que l'Empire reconnût ceux de la France sur Epinal.

Pendant son séjour à Nancy, où il demeura tout l'hiver, le roi réconcilia définitivement René d'Anjou

---

(1) Bâle, bien qu'alliée des Suisses, était alors une ville allemande, dont l'évêque était prince de l'Empire.

avec son ancien compétiteur. Le fils d'Antoine de Vaudemont, Ferry, épousa la seconde fille de René, Yolande d'Anjou. L'aînée, Marguerite, était reine d'Angleterre depuis la trêve de Tours. Charles VII avait dignement récompensé les services de son beau-frère. Ce duc de Lorraine, prétendu vassal de l'Empire, lui inspirait une telle confiance qu'il le fit assister à la séance de son conseil où l'on prépara, à Nancy même, la réorganisation de l'armée française (1).

Cette armée, rendue permanente et pourvue d'une artillerie formidable pour l'époque, n'a pas seulement repris Rouen et Bordeaux et mis fin à la guerre anglaise. Elle a été d'une grand utilité à Louis XI dans la lutte qu'il a soutenue contre la maison de Bourgogne, devenue pour nous plus redoutable que les Anglais. Si Charles le Téméraire avait réussi dans ses projets, la France aurait reculé en deçà de ses limites de Verdun.

Philippe le Bon avait commencé à se détacher de la France, qu'il n'avait servie que par sa neutralité. Charles le Téméraire projette de la démembrer et voudrait lui donner six rois au lieu d'un seul. Il ne veut plus être Français. « Nous sommes moitié France, moitié Portugal », disait-il aux bourgeois d'Ypres, en 1470, et, dans une autre occasion, devant un envoyé de Louis XI : « Nous autres Portugais. » Sa mère était une princesse de Portugal, et sa femme était Anglaise.

A Dijon, il ne se trouvait pas assez libre. La Bour-

---

(1) L'ordonnance fut publiée à Châlons, en 1445.

gogne « sentait la France ». Elle lui fournissait de bons soldats, mais elle était pauvre. La Flandre, qui était riche, lui aurait plu davantage, si les bourgeois de Gand, comme ceux de Liége, avaient été moins amis de Louis XI. C'est à Bruxelles, en terre d'Empire, qu'il faisait sa résidence habituelle. C'est là qu'il recevait les ambassadeurs étrangers et ces nobles allemands, qui scandalisaient Flamands et Bourguignons par la grossièreté de leurs manières, jetant leurs bottes sur les meubles, sur « les lits parés » (1). L'électeur Palatin, l'archevêque de Cologne, le pressaient d'intervenir dans leurs affaires. Le duc prenait goût à ces négociations, au grand déplaisir de Louis XI, inquiet de le voir se rapprocher du Rhin. Comines rassurait le roi et l'engageait à laisser son ennemi « s'aheurter contre ces Allemagnes, qui est chose si grande et si puissante qu'il est presque incroyable ». Louis XI suivit ce conseil et n'eut pas à le regretter.

Malgré l'incohérence de ses actes et les contradictions apparentes de sa politique, Charles avait une idée fixe et une ambition précise : il voulait être roi, roi de Bourgogne ou de Gaule Belgique, et vicaire de l'Empire dans tous les pays de la rive gauche du Rhin. Pour se faire conférer ces deux titres, il s'adressa à l'empereur Frédéric III, « homme de peu de vertu et trop extrêmement chiche », offrant en échange à l'archiduc Maximilien, fils de Frédéric, la main de sa fille, Marie de Bourgogne, unique héritière de tous ses domaines. Ils tombèrent d'accord dans l'entrevue de Trèves (1473).

(1) Ainsi parle Comines, qui était alors au service de la Bourgogne.

Mais, la veille du jour fixé pour le couronnement, l'empereur s'enfuit à Cologne, donnant comme prétexte le mécontentement des princes de l'Empire. La diplomatie de Louis XI, son argent et la marche opportune d'une armée française en Champagne furent sûrement pour quelque chose dans cette brusque détermination. Charles ne fut jamais roi. Ses flatteurs l'appelèrent le grand-duc d'Occident (1). Ce titre, inventé pour lui, plaisait à son orgueil de conquérant. « Il eût bien voulu, dit Comines, ressembler à ces anciens princes, dont il a été tant parlé après leur mort. »

Mais il n'y a rien de vague, quoi qu'on en ait dit, dans ses projets de conquêtes. Les pays sur lesquels il a jeté son dévolu sont choisis de manière à arrondir, lier et étendre les deux groupes de provinces que sa maison possédait déjà. Supposons qu'il ait réussi : au Nord, il ajoutait à ses Etats de Flandre et des Pays-Bas toute la rive gauche du Rhin, depuis la Hollande jusqu'à Bâle, les électorats ecclésiastiques, l'Alsace, la Lorraine : c'est l'Austrasie. Au Sud, les deux Etats bourguignons, duché et comté, agrandis de la rive gauche du Rhône, de la Provence, de la Savoie et de la Suisse romande, correspondant aux anciens royaumes de Bourgogne. Enfin, au delà des Alpes, le duc de Milan et les princes ses voisins, livrent passage à une armée qui va conquérir Naples, sous la conduite des anciens officiers de René d'Anjou que le duc de Bourgogne a

(1) Le roi de Bohême Podiébrad promettait de l'aider à se faire empereur. Il lui avait vendu sa voix électorale pour 200.000 florins. Le bruit courut en Allemagne qu'il allait envahir l'Empire. Les habitants de Hambourg et de Lubeck renforcèrent leurs murailles et se préparèrent à soutenir un siège. (Chmel, Annales des Habsbourg.)

pris à son service. L'Austrasie, la Bourgogne et l'Italie réunis sous la domination de Charles le Téméraire, c'était la reconstitution entre la France et l'Empire du royaume de Lothaire Ier, c'était le retour aux frontières de 843, avec cette différence à notre désavantage, que nous aurions eu pour limite au Nord la Somme au lieu de l'Escaut; avec cette différence aussi que Charles le Téméraire était un prince français, régnant sur des provinces françaises. S'il avait réussi — et il a failli réussir — la France aurait été coupée en deux royaumes, Est et Ouest, comme au temps des Mérovingiens, mais l'Allemagne aurait reculé jusqu'au Rhin.

Qu'un tel programme ait été réalisable à la lettre et dans toutes ses parties, il est permis d'en douter. N'oublions pas cependant que Charles le prenait au sérieux, et qu'il n'y a pas un seul de ses articles auquel il n'ait donné au moins un commencement d'exécution.

Toutes ses entreprises, mal conçues pour la plupart et surtout mal conduites, ont échoué contre le sang-froid, la vigilance de Louis XI, qui reste sur la défensive, affecte de rester neutre ou ne met ses troupes en campagne que pour négocier aussitôt une trêve qui fait plus de mal à son adversaire qu'une bataille perdue. Il a pour amis et pour alliés tous les ennemis du duc de Bourgogne. C'est par eux qu'il le combat. Quand Charles s'obstine au siège de la petite ville de Neuss, près de Cologne, ce sont les Allemands qui l'obligent à se retirer; mais c'est le roi de France qui paie les Allemands. Quand le duc veut punir les Alsaciens qui ont condamné à mort son lieutenant Hagenbach, ce sont les Suisses qui mettent son armée en déroute à

Héricourt, mais c'est Louis XI qui les a décidés à marcher au secours des Alsaciens (1474). Pendant que Charles se fait battre à Granson et à Morat, le roi attend à Lyon, tout près de la frontière, et gratifie de 200 marcs d'argent ceux qui lui apportent la nouvelle du désastre des Bourguignons (1476). Il pénètre et déjoue les menées les plus secrètes de son rival, empêche le vieux René d'Anjou de lui vendre la Provence et prépare le testament qui devait réunir à la France, cinq ans plus tard, cette province, qu'un lien purement nominal rattachait encore à l'Empire. Avec l'aide de Comines, il ramène à l'alliance française sa sœur, la duchesse de Savoie, qui était allée négocier avec Charles le Téméraire, et qu'il appelle en riant « Madame de la Bourgogne ». Toutes les puissances d'Italie le voulaient pour ami et avaient quelque confédération avec lui, ce qui ne l'empêcha pas de rappeler à l'ordre assez durement le duc de Milan, Galéas Sforza, coupable d'avoir prêté l'oreille aux suggestions du duc de Bourgogne.

On pourrait croire qu'au milieu des soucis et des embarras de son règne Louis XI a perdu de vue la question de la rive gauche du Rhin. Comines n'en fait mention qu'à propos des ambitions du duc de Bourgogne. Mais nous savons d'autre part que le roi s'en était sérieusement occupé dès le début de son règne, dix ans avant que Comines entrât à son service. L'ambassadeur milanais Noceto écrivait à son maître : « Je suis avisé de bonne source que Sa Majesté fera une entreprise en Allemagne pour recouvrer, *reacquistare* — tout ce qui est de ce côté-ci du Rhin — *tutto quello che è dal Reno in quà.* » Louis XI gardait le souvenir de sa campagne de 1444 et aurait volontiers repris ses négociations avec les Alsaciens. Plus tard, après la ligue du bien public, il manifesta à plusieurs reprises le désir et l'intention d'annexer au royaume la vallée de la Moselle, surtout Metz, où la France avait des partisans. Malheureusement les ducs de Lorraine, Jean de Calabre, fils de René d'Anjou (1453-1470) et Nicolas, fils de Jean (1470-1473), brouillés avec le roi pour des torts réciproques, contrarièrent ses projets et s'allièrent même avec le duc de Bourgogne. Quand Nicolas mourut, sans laisser d'enfants, sa succession revint à René II de Vaudémont, petit-fils de René d'Anjou par sa mère. Charles s'empara de la personne du jeune duc, qui n'avait que douze ans, exigea le droit de passage pour ses troupes à travers la Lorraine, et, deux ans plus tard, en 1475, annexa de vive force ce duché dont il voulait maintenant faire le centre de son grand Etat. Nancy serait désormais sa capitale. Il l'annonça aux Lorrains, qui durent lui prêter serment comme à leur souverain légitime. Louis XI proteste, menace d'intervenir, mais, quand Charles lui a livré le traître Saint-Pol, il promet de rester neutre et de n'accorder aucun secours à René de Vaudémont. Officiellement il observe la trêve, mais quand René, à la tête d'un petit nombre de Lorrains fidèles à sa cause, adresse un défi au duc de Bourgogne et lui fait la guerre, Louis XI l'encourage, lui fournit de l'argent, et l'aide à recruter des volontaires parmi les Alsaciens et les Suisses, qui l'ont vu combattre dans leurs rangs à Morat. Rentré dans Nancy, que les Bourguignons défendent mal, il y est aussitôt assiégé, s'échappe, trouve en Suisse une nouvelle armée, payée par le roi de France et par les bourgeois de Strasbourg, et délivre sa capitale par la sanglante bataille du 5 janvier 1477, où périt le grand duc d'Occident.

Les historiens allemands, qui s'étendent volontiers sur cette affaire de Lorraine, prétendent que Louis XI n'a contribué que faiblement, par des intrigues diplomatiques et des promesses mal tenues, à la défaite de Charles le Téméraire, qu'il a assisté en simple spectateur à la catastrophe finale, que la bataille de Nncy a été gagnée par des Allemands ligués pour la défense d'un prince de l'Empire, sans le secours d'aucun contingent français. Qu'y a-t-il de fondé dans ces assertions?

Il n'y avait pas de soldats français devant Nancy sous les drapeaux du duc de Lorraine, mais il y en avait dix mille, d'excellentes troupes, tout près de la frontière, dans la Champagne et le Barrois, sous les ordres de Georges de la Trémoille, sire de Craon, « sage homme et sûr pour son maître », sûr aussi pour le duc René, puisque c'est lui qui avait négocié leur alliance en 1474. L'armée royale se tenait prête à entrer en Lorraine, si Charles était vainqueur, à occuper la Bourgogne, s'il était vaincu, ce qui était à prévoir, puisqu'il lui restait au plus trois mille combattants (1) et que son adversaire en avait vingt mille.

Aucun effort n'a été tenté du côté de l'Allemagne,

(1) C'est le chiffre donné par l'historien bourguignon Molinet. Comines dit 1.200. — Grâce à la poste, instituée dès 1464, le roi suivait jour par jour les événements de Lorraine. La bataille de Nancy, du 5 janvier, lui fut annoncée à Plessis-les-Tours par une lettre du sire de Craon, à qui il répondit, le 9 : « Si le duc de Bourgogne est mort, mettez-vous dans le pays. »

aucune coalition n'a été formée pour soutenir le duc de Lorraine, qui était bien prince de l'Empire, mais n'était pas plus Allemand que ses sujets. René de Vaudémont, Angevin, donc Français pas sa mère, descendait en droite ligne, par son père, de Gérard d'Alsace, dont la famille a gouverné la Lorraine de 1042 à 1737. Quant aux auxiliaires, soldés ou non, qui ont si vaillamment combattu pour lui, c'étaient les gens des « Vieilles Ligues », c'est-à-dire les Suisses et ceux des « Nouvelles Alliances », comprenant Bâle, Colmar, Schelestadt, Strasbourg et les autres villes impériales, « qui sont au long de cette rivière du Rhin », c'est-à-dire les Alsaciens. Le duc de Lorraine partage avec eux, avec eux seuls, l'honneur de sa victoire. N'oublions pas pourtant que, s'il a pu la remporter, délivrer sa capitale et reconquérir son héritage, c'est à la collaboration discrète, mais persistante et efficace du roi de France qu'il le doit. Il lui a d'ailleurs largement payé sa dette, en le débarrassant de Charles le Téméraire.

Dès les premières années du règne, les coalitions féodales fomentées par le duc de Bourgogne avaient forcé Louis XI à ajourner pour longtemps ses projets sur l'Alsace. Dix ans plus tard, par un étrange retour, ce même duc de Bourgogne avait fourni au roi une excellente occasion d'intervenir en Lorraine. Nous venons de voir le parti qu'il a su en tirer.

Après la bataille de Nancy, la situation de la France sur sa frontière de l'Est est redevenue aussi bonne, sinon meilleure, qu'à l'époque la plus brillante du règne de Charles VII : toutes nos acquisitions précédentes sont conservées ou reprises; nos prétentions légitimes sur les Trois-Evêchés sont intégralement maintenues; l'alliance lorraine restaurée nous aide à les faire valoir; enfin les Suisses, bien traités et bien payés, obéissent au roi « comme ses sujets » et servent d'intermédiaires à ses relations avec les villes de l'Alsace. Si les successeurs immédiats de Louis XI ne s'étaient pas laissé détourner de la vraie politique nationale par des ambitions chimériques, s'ils avaient repris hardiment la marche vers le Rhin, ils auraient trouvé sur leur route moins d'obstacles que n'en rencontra Henri II.

CHAPITRE VI

François Ier et Charles-Quint. — Henri II.
Les Trois-Evêchés.

Pendant les dernières années de Louis XI, sous Charles VIII, Louis XII et François Ier, de 1477 à 1547, la France ne réalise aucun progrès dans la direction du Rhin. Toute son activité politique et militaire est absorbée par la querelle de la succession de Bourgogne, les guerres d'Italie et la lutte contre Charles-Quint.

Le mariage du dauphin Charles avec Marie de Bourgogne aurait réuni d'un seul coup au royaume tout l'héritage de Charles le Téméraire, provinces françaises et pays d'Empire. Mais la jeune duchesse, qui avait vingt ans, ne voulut pas du dauphin qui en avait huit. Elle épousa à Gand, en 1477, l'archiduc Maximilien d'Autriche, fils de l'empereur Frédéric III, et lui apporta en dot la Flandre et les Pays-Bas, tandis que le duché de Bourgogne restait à la France. Nous aurions pu garder l'Artois et la Franche-Comté, auxquels Charles VIII eut la maladresse de renoncer par le traité de

Senlis, en 1493 (1). Ce partage, si avantageux pour la maison d'Autriche, ne lui suffisait pas encore. Elle tient en réserve et fait valoir à l'occasion ses titres prétendus sur le reste de l'héritage. Arrière petit-fils de Charles le Téméraire, Charles-Quint exige, en 1526, au traité de Madrid, la cession de la Bourgogne, que ses habitants, « Français depuis Clovis », refusent de lui livrer. En 1536, il ne peut « se dispenser d'aller visiter ses sujets de Provence », qui le reçoivent à coups de canon. Peu s'en fallut qu'il ne finît devant Marseille, comme son bisaïeul devant Nancy.

Si l'Autriche dut rabattre de ses prétentions, le fatal mariage de Marie de Bourgogne avait tout remis en question. Tant que vécut Charles le Téméraire, on pouvait se demander pour qui il travaillait. Si ses domaines étaient échus à la France, c'était la bande de Lothaire aux deux tiers reconquise : c'était un immense pas dans la voie de la reconstitution du territoire. Au lieu de la France, ce fut l'Autriche. Tout était à recommencer. La France conservait, il est vrai, la Provence, le Dauphiné et la Bourgogne. Mais au Nord, elle voyait son ennemi le plus direct s'installer dans l'ancienne Austrasie. Elle perdait même la Flandre et l'Artois, que le traité de Verdun lui avait laissées. Ce fut incontesle traité de Verdun lui avait laissés. Ce fut incontestoire de nos frontières.

(1) D'après le traité d'Arras de 1482, ces deux provinces formaient la dot de Marguerite d'Autriche, fille de Maximilien et de Marie de Bourgogne, fiancée au dauphin Charles. Celui-ci, devenu roi, ayant épousé Anne de Bretagne, Maximilien réclama la restitution de l'Artois et de la Franche-Comté. On aurait dû lui répondre, comme le voulaient les anciens conseillers de Louis XI, qu'il avait violé le premier le traité d'Arras, dès 1485, et que nous n'étions plus tenus de l'observer.

Il est pénible d'avoir à constater que, bien loin de tenir les yeux fixés sur le péril du Nord-Est, Charles VIII et ses successeurs commirent l'erreur déplorable de se laisser éblouir par l'héritage problématique de la maison d'Anjou, par leurs droits non moins aventurés sur le duché de Milan, et d'aller guerroyer en Italie : « Aller chercher des conquêtes en Italie, c'est acheter bien cher un long repentir », disait au jeune Charles VIII sa sœur, Anne de France. Comines et tous les anciens conseillers de Louis XI étaient du même avis. On ne les écouta pas. La noblesse, l'armée, la bourgeoisie même et le peuple se laissèrent prendre, aussi bien que nos rois, au dangereux mirage de ces expéditions lointaines, qui ont laissé des souvenirs glorieux dans notre histoire, mais qui n'ont en somme profité qu'à nos ennemis, Espagnols, Autrichiens ou Allemands.

Nous rangeons ici, à juste titre, les Allemands parmi nos ennemis. Il ne faut pourtant pas oublier qu'ils ne l'étaient pas tous. Leurs lansquenets s'enrôlaient volontiers dans l'armée du roi Très-Chrétien, qui payait mieux que l'empereur. François Ier en avait vingt-six mille à Marignan, sous les ordres du duc de Gueldre, un de ces alliés plus ou moins constants, mais très souvent utiles, que nos rois s'étaient ménagés dans l'Empire. Ces relations, habilement développées par Charles VIII et Louis XI, devaient avoir pour nous le double avantage d'affaiblir notre grand adversaire, la maison d'Autriche, et de faciliter, moyennant certains ménagements, notre avance sur la rive gauche du Rhin. François Ier eut le tort de trop demander à ses alliés d'Allemagne. Il sollicita de leurs bons offices la couronne impériale, qu'il ne pouvaient ou ne voulaient pas lui donner. Il n'épargna pourtant rien pour l'obtenir, signa de nombreux traités, donna beaucoup, promit davantage et conserva jusqu'au dernier moment les plus grandes chances de l'emporter sur son rival, Charles d'Autriche. Les ducs de Lorraine, de Clèves, de Brunswick, de Holstein, s'étaient prononcés en sa faveur. Quatre électeurs sur sept, les archevêques de Mayence et de Trèves, le comte Palatin et le margrave de Brandebourg avaient promis de voter pour lui. Un seul lui resta fidèle, l'électeur de Trèves, qui soutint éloquemment, mais en vain, sa candidature. Charles, roi d'Espagne et de Naples, prince souverain des Pays-Bas, fut proclamé empereur, sous le nom de Charles-Quint (1519). Le dépit qu'éprouva François Ier hâta la rupture et l'ouverture des hostilités entre la France et la maison d'Autriche, il n'en fut pas la cause. La grande lutte qui s'engage vers 1521, et qui devait durer plus longtemps que les deux adversaires, a pour objet et pour enjeu l'indépendance de l'Europe menacée par un prétendant à la monarchie universelle, mais aussi et surtout l'intégrité de notre frontière et l'existence même de la France.

Pendant les quatre guerres de François Ier, trois campagnes seulement ont pour théâtre nos provinces de l'Est. D'abord, en 1521, Robert de la Mark, duc de Bouillon et seigneur de Sedan, vassal révolté de l'empereur et allié de la France, envahit le Luxembourg, d'où il est chassé par le comte de Nassau, qui entre en Champagne, et met le siège devant Mézières, que défendent Bayard et Montmorency. Malgré un bombardement terrible pour l'époque — cinq mille boulets en deux jours — les Allemands se retirent au bout de trois semaines. François Ier écrit à Bayard que « Dieu s'est montré bon Français »..

En 1523, dix mille lansquenets impériaux, sortis de la Franche-Comté, ravagèrent les environs de Langres et marchèrent sur Chaumont. Les six mille Français qui leur barrèrent la route avaient à leur tête le gouverneur de Champagne et de Bourgogne, Claude, le premier des ducs de Guise, un Lorrain, naturalisé Français (1). C'était le deuxième fils de René de Vaudémont, qui, avant de mourir, en 1503, lui avait légué toutes les seigneuries qu'il possédait en France : Joinville, Aumale, Elbeuf, Mayenne, Lambesc, et d'autres terres en Champagne, Normandie, Maine et Provence. Elevé à la cour de Louis XII, marié à une princesse de la famille royale, Antoinette de Bourbon, blessé deux fois à Marignan, à côté de son frère aîné, Antoine, duc régnant en Lorraine, vainqueur des Espagnols à Fontarabie et des Anglais, alliés de Charles-Quint, sur la Somme, Claude de Guise s'était toujours montré digne de la confiance du roi, qui l'avait comblé d'honneurs et s'excusait de ne pouvoir faire davantage. « Sire, répondit-il, je vous demeurerai toujours redevable, jusqu'à j'aie donné ma vie à votre service. » Il poursuivit les lansquenets jusqu'à Neufchâteau, et les mit si fort en déroute qu'on n'entendit plus parler d'eux.

C'est seulement en 1542 que François Ier tente un

(1) En 1506, suivant la volonté formelle de son père.

mouvement offensif vers le Rhin. Guise devait occuper le Luxembourg et aller rejoindre au Nord de Cologne les ducs de Clèves et de Gueldre, nos alliés. Les résultats furent nuls, par la faute du duc d'Orléans, un des fils du roi. Les Français prirent, perdirent et reprirent la ville de Luxembourg, que Charles-Quint leur enleva définitivement, lorsque, en 1544, il envahit la Champagne de concert avec Henri VIII, débarqué à Calais. Leurs deux armées comptaient ensemble cent mille hommes, « avec un matériel infini d'artillerie ». Leur intention était de laisser derrière eux les places fortes et de marcher droit sur Paris, où ils se partageraient le royaume (1). Heureusement ce programme fut mal exécuté. Henri VIII se rembarqua, après avoir pris Boulogne. Charles-Quint, violant la neutralité de la Lorraine, s'empara de Commercy, perdit beaucoup de monde au siège de Saint-Dizier, qui se défendit cinq semaines, brûla Joinville et Vitry, pilla Château-Thierry et Soissons. Ses éclaireurs parurent à Meaux. Le roi et Guise, qui n'avaient pu que harceler l'ennemi et retarder sa marche, accoururent de Laon à Paris et se préparèrent à soutenir un siège que l'empereur n'osa pas tenter. Des négociations s'ouvrirent et la paix fut signée à Crépy-en-Laonnais à des conditions peu avantageuses. Le dauphin Henri protesta contre ce traité, déclarant qu'il ne l'avait signé que pour obéir à son père, et laissant entendre qu'il ne s'engageait pas à l'observer.

Nos historiens n'ont pas toujours rendu justice au

---

(1) C'était du moins ce que disaient leurs officiers, oubliant un peu vite que « la France bien unie ne peut être conquise sans perdre une douzaine de batailles », et que « plusieurs se trompent de dire que, Paris pris, la France serait perdue » (Monluc).

successeur de François Ier. A défaut des qualités brillantes de son père, Henri II (1547-1559) avait des vues plus nettes et mieux définies, un sens plus exact et plus pratique des véritables intérêts du royaume. L'évolution de la politique française sous son règne marque un heureux retour à la tradition nationale de Charles VII, à la revendication effective de la rive gauche du Rhin. Elle fait également honneur au roi qui en a pris l'initiative, et à ceux qui l'ont inspirée et supérieurement conduite, Claude de Guise, mort en 1550, et ses deux fils, le duc François et le cardinal Charles de Lorraine, archevêque de Reims.

Dès son avènement, Henri II ne cache pas son intention de recommencer la guerre. Il écrit au sultan Soliman qu'il va « remuer ménage contre l'empereur », mais il ne laisse pas deviner, même aux Français, de quel côté se portera son offensive. Tandis qu'à Fontainebleau les courtisans discutent « les grands desseins de Sa Majesté pour l'Allemagne », le roi inspecte ses forteresses des Alpes et pousse même jusqu'à Turin pour faire croire à l'empereur qu'il prépare une entreprise sérieuse contre ses possessions italiennes. C'est d'ailleurs en Italie que les hostilités éclatent, en 1551, — simple guerre d'escarmouches, à la vérité — mais, dans le manifeste publié à Paris, en février 1552, Henri II ne réclamait rien moins que Naples et Milan. Quelques jours après, le roi, accompagné d'Antoine de Bourbon et du prince de Condé, du connétable de Montmorency, de Coligny et du maréchal de Saint-André, venait prendre à Joinville le commandement d'une armée de quarante mille hommes, rassemblée par

François de Guise, prête à marcher vers la Moselle et vers le Rhin, dont aucune armée ne lui barrait la route.

Le roi resta six semaines à Joinville avant d'entrer en campagne. On expliquait ce retard par une maladie de la reine. Il y avait une autre raison qu'on ne voulait pas donner : on attendait des nouvelles de nos alliés d'Allemagne. Agir sans eux ou avant eux nous eût exposés à perdre tout le fruit d'une négociation conduite par le cardinal de Lorraine avec une habileté digne du ministère de Richelieu.

La Réforme prêchée par Luther avait partagé l'Allemagne en deux camps. Charles-Quint, s'étant déclaré contre elle, avait pour ennemis les princes qui l'avaient adoptée. Lorsque ces princes formèrent, en 1531, la ligue de Schmalkalden pour défendre contre l'empereur leur religion et leurs intérêts, François Ier signa avec eux des traités, mal observés des deux parts, mais dont nos prétendus alliés profitèrent pour nous extorquer beaucoup d'argent. D'ailleurs, tant que Charles crut avoir quelque chose à craindre de la France, il évita de pousser à bout les protestants. Il n'en fut plus de même après le traité de Crépy. Vainqueur des princes luthériens, l'empereur prétendit leur imposer une transaction religieuse de sa façon, l'*Interim d'Augsbourg*, et fut sur le point d'y réussir, grâce à la défection de Maurice de Saxe, qui passa de son côté et assiégea pour lui la ville de Magdebourg. Mécontent de Charles-Quint, qu'il continuait pourtant à servir, Maurice se rapprocha de la France. Est-ce lui, est-ce Henri II qui fit les premières avances? Un historien allemand avoue qu'on n'en sait rien. Toujours est-il qu'un envoyé français, l'évêque de Bayonne, vint le trouver au château de Friedwald, dans la Hesse, et signa, avec lui et trois autres princes (1), le traité du 5 octobre 1551, dont les conditions essentielles étaient les suivantes :

1° Les confédérés allemands s'engagent à attaquer l'empereur et à se réunir en cas de nécessité à l'armée française;

2° Le roi leur accorde un subside de 240.000 écus pour les trois premiers mois, plus 60.000 à chacun pour les trois mois suivants;

3° Les princes, en retour, lui reconnaissent le droit d'occuper militairement, avec le titre de vicaire de l'Empire, quatre villes impériales où l'on parle la langue française : Metz, Toul, Verdun et Cambrai;

4° Ils s'engagent, en vue de la prochaine élection impériale, à appuyer la candidature du roi de France ou de tout autre prince proposé par lui.

Le traité de Friedwald, ratifié à Chambord, en janvier 1552, fut rigoureusement tenu secret. Ce qui le prouve, c'est que Maurice resta encore, plusieurs mois auprès l'avoir signé, à la tête de l'armée impériale. Quand ses préparatifs furent achevés, il se mit en révolte ouverte, avoua dans son manifeste qu'il agissait d'accord avec le roi de France, défenseur de la liberté germanique — *propugnator germanicæ libertatis* — et commença les hostilités (mars 1552). Henri II n'avait plus rien à attendre. Il fit entrer ses troupes en Lorraine (9 avril).

(1) Le duc Albert de Mecklembourg, le landgrave Guillaume de Hesse et le margrave Albert d'Auspach.

L'occupation des Trois-Evêchés ne présentait aucune difficulté sérieuse. Le cardinal de Lorraine en avait arrêté le programme à l'avance avec les évêques de Toul et de Metz (1). Les bourgeois de Toul envoyèrent une députation au roi et lui ouvrirent leur ville (12 avril). Deux jours après il entrait à Nancy, où le jeune duc Charles III régnait sous la double tutelle de sa mère, Christine de Danemark, nièce de Charles-Quint, favorable à l'Empire, et de son oncle, Nicolas de Vaudemont, chef du parti français. Sur le conseil des Guises, Henri II emmena Charles III, en promettant aux Lorrains qu'il le ferait élever à la cour avec le dauphin, lui donnerait en mariage sa seconde fille Claude et lui garantirait ses possessions. Christine retourna en Allemagne, Nicolas garda la régence, et Nancy reçut une forte garnison. Tout cela fut réglé en quelques jours. Le 18 avril, l'armée était devant Metz, dont les bourgeois firent mine de résister. L'évêque intervint : le roi put entrer, puis le connétable avec une escorte, que sept cents hommes suivirent. La ville conserva ses privilèges municipaux, mais reçut un gouverneur militaire français.

Après la Lorraine, l'Alsace. Les soldats de Henri II, non pas seulement les gentilshommes, mais les paysans et les ouvriers, Champenois ou Picards, accueillirent avec joie l'ordre de marcher vers les Vosges. C'étaient pour la plupart des jeunes gens, « qui avaient le feu à la tête ». Ils détestaient les Allemands qui leur avaient

---

(1) Le premier, Hocédy, était un ancien secrétaire du premier cardinal de Lorraine, Jean, frère de Claude de Guise. Le second, Robert de Lénoncourt, appartenait à une illustre famille du pays, très dévouée à la France.

fait tant de mal dans les guerres précédentes. On disait autour du roi qu'il fallait démembrer l'Empire, reconstituer le royaume d'Austrasie, et que la France avait bien plus à gagner sur le Rhin qu'en Italie. Le 8 mai, les Français entrèrent à Saverne. Ils auraient occupé Strasbourg, malgré le mauvais vouloir des magistrats, qui consentirent pourtant à nous fournir des vivres, si Montmorency, chargé de négocier avec eux, s'était montré plus énergique. Médiocre général et mauvais politique, il représenta au roi les difficultés d'un siège, qui n'aurait pas été nécessaire, et le danger problématique d'une intervention des Suisses, alliés des villes impériales. Henri II eut le tort de l'écouter, mais il mit garnison à Haguenau et à Wissembourg, descendit le long du Rhin, visitant partout les églises et les abbayes fondées par Dagobert ou Charlemagne, et n'oubliant pas de rappeler que tout ce pays appartenait autrefois aux rois de France. Il alla ainsi jusqu'à Spire, dont les habitants offraient de le recevoir, pourvu qu'il entrât seul. Tout à coup, le 13 mai, sur un ordre brusquement donné, l'armée reprend le chemin de la Lorraine, occupe Verdun, le 12 juin, et refoule dans le Luxembourg un corps ennemi venu des Pays-Bas.

Nos soldats ne comprenaient pas qu'on les ramenât en arrière. Ils accusaient à tort le connétable d'avoir conseillé la retraite. Le roi l'avait décidée parce que ses alliés allemands ne le secondaient plus, le trompaient et étaient en train de le trahir.

Tandis qu'ils lui écrivaient des lettres amicales pour le prier de ne pas étendre plus loin ses conquêtes, ils désavouaient devant la diète germanique réunie à

Passau, en Bavière, leur entente avec la France, juraient leurs grands dieux qu'ils n'avaient pas consenti à l'occuption de Metz, et signaient une paix séparée, mettant leur troupes à la disposition de l'empereur (août 1552). Charles affecta d'envoyer ces troupes en Hongrie et fit publier partout qu'il allait se mettre à leur tête pour combattre les Turcs. Henri II, qui savait à quoi s'en tenir, avait pris ses précautions. François de Guise, lieutenant général des Trois-Evêchés, rendit Metz imprenable avant l'arrivée des Impériaux.

Aidé par les plus habiles ingénieurs du temps, il rasa les faubourgs et les quartiers intérieurs qui touchaient aux remparts, tripla ou quadrupla l'enceinte et plaça des canons partout. Toute la population civile fut évacuée en Lorraine ou en Champagne, sauf un petit nombre d'ouvriers, de marchands et de prêtres, retenus pour le service de la garnison. Celle-ci, bien que peu nombreuse, lui fournit la main-d'œuvre nécessaire pour moissonner et rentrer la récolte et la vendange, sous la protection de la cavalerie et des paysans organisés en milice. Lui-même donnait l'exemple, travaillant deux heures par jour, la hotte sur le dos ou la bêche à la main. Le célèbre chirurgien Ambroise Paré organisa les hôpitaux. Chaque capitaine connut à l'avance le secteur qu'il aurait à défendre et les soldats qu'il aurait à commander.

L'armée impériale, forte d'environ 100.000 hommes, Allemands, Espagnols, Italiens ou Flamands, sous les ordres du duc d'Albe, investit la place le 19 octobre. Quand l'empereur fut arrivé, le bombardement commença avec un tel fracas qu'on l'entendit jusque dans les environs de Strasbourg. Guise ne se laissa pas intimider. Il fatigua les assiégeants par des sorties continuelles, arrêta net toutes leurs tentatives pour donner l'assaut et trouva moyen, non seulement d'envoyer de ses nouvelles au roi, mais d'écrire à sa mère et à sa femme que lui et ses frères étaient en bonne santé, et que tout allait bien pour le service de Sa Majesté. Tout allait très mal au contraire pour les soldats de Charles-Quint; l'hiver était rude, les malades étaient très nombreux, des régiments entiers désertaient, parce qu'ils n'étaient plus payés. Le lendemain de Noël, l'empereur ordonna la retraite, abandonnant ses blessés, qui furent soignés par les Français. Lorsque Guise vint à la cour, Henri II l'embrassa, en l'appelant « son frère ». Le Parlement le remercia « pour le service fait au Roi et à la République ».

Verdun, où commandait le maréchal de Saint-André, ne fut pas sérieusement menacé. A Toul, le duc de Nevers dit au comte d'Egmont, qui le sommait de se rendre : « Quand l'empereur aura pris Metz, il sera temps de venir : je saurai quoi répondre. »

La trêve de Vaucelles, conclue pour cinq ans seulement, le 5 février 1556, reconnaissait au roi de France le droit de « protéger » et d'occuper les Trois-Evêchés, sans préjudice des droits de l'Empire, dont ils continuaient à faire partie. Cette distinction subtile déplaisait fort à Henri II, qui voulait être maître chez lui. Montmorency, sans lui donner tort, lui conseillait de ne pas brusquer les choses, d'observer la trêve pour consolider nos conquêtes et de la transformer le plus tôt possible en paix définitive. Les Guises furent d'un avis contraire : mal inspirés cette fois, ils décidèrent le roi à recommencer la guerre en Italie (1557).

Après la trêve de Vaucelles, Charles-Quint avait abdiqué, et cette abdication avait entraîné le partage de son immense empire. Milan, Naples, et, ce qui nous intéresse avant tout, la Franche-Comté, l'Artois et les Pays-Bas échurent à son fils Philippe II, roi d'Espagne. Son frère, Ferdinand, était empereur d'Allemagne. La maison d'Autriche était, dès lors, divisée en deux branches, espagnole et allemande, et ces deux branches se partageaient précisément ce territoire du Nord-Est que nous avions à reconquérir. Grand avantage pour la France, mais dont les effets ne devaient se faire sentir qu'avec le temps. Henri II les escompta un peu vite, et son imprudence faillit nous coûter cher.

Ferdinand resta neutre. Il ne serait jamais l'ami de la France, disait-il devant la Diète, tant qu'elle n'aurait pas rendu les Trois-Evêchés, mais il informait en même temps notre ambassadeur qu'il ne ferait pas la guerre pour les reprendre. Cependant Philippe II, allié aux Anglais, dont il avait épousé la reine, Marie Tudor, envahit la France par le Nord. Guise, rappelé d'Italie après la défaite de Saint-Quentin, arrêta l'ennemi sur la Somme et sauva Paris en reprenant Calais (janvier 1558).

Les Espagnols du Luxembourg menaçaient les Trois-Evêchés. Thionville était leur quartier général. Guise vint assiéger cette ville, qui était très forte, l'emporta au bout de trois semaines et empêcha ses auxiliaires allemands (1) de la piller, car « il la voulait garder pour le service du roi ». Les Français prirent d'assaut Arlon.

La guerre se poursuivit quelque temps en Picardie et en Flandre. Mais, des deux côtés, on désirait la paix. La France en avait besoin, le cardinal de Lorraine le reconnaissait et le roi eut raison de la conclure. Ce qui est inexplicable, c'est qu'il ait paru la subir, alors qu'il était assez fort pour en dicter les conditions.

Mal conseillé par les uns, trahi par les autres, il signa, le 3 avril 1559, ce traité de Cateau-Cambrésis, « cette malheureuse et infortunée paix », d'après laquelle les deux rois se restituaient leurs conquêtes. Monluc, qui exagère, prétend que la France rendait cent quatre-vingts places en Italie et dans les Pays-Bas. Guise disait au roi : « Votre Majesté a cédé d'un trait de plume ce que vingt défaites n'auraient pu lui enlever. » Brantôme dit, en parlant du traité : « Tous ceux qui aimaient la France en pleuraient. »

Nous conservions pourtant Calais et les Trois-Evêchés. Sauf Thionville, nous n'abandonnions rien sur notre frontière de l'Est, pas même le protectorat effectif de la Lorraine. Et les positions conquises par nous étaient solides puisque Henri IV, après trente ans de guerre civile, retrouva cette frontière telle que Henri II l'avait tracée.

(1) Beaucoup d'Allemands s'étaient enrôlés dans l'armée française, sous les ordres du duc Guillaume de Saxe, frère de Maurice, et d'Othon de Brunswick-Lunebourg.

CHAPITRE VII

Les fils de Henri II. — France et Lorraine. — La Belgique. — Projets de Henri IV.

Depuis le traité de Cateau-Cambrésis jusqu'à la fin du XVIe siècle, sous les règnes de François II, de Charles IX, de Henri III, et pendant la première partie du règne de Henri IV, la paix ne fut pas troublée entre la France et la branche allemande des Habsbourg, à demi brouillée avec la branche espagnole. Charles IX épousa même Elisabeth d'Autriche, fille de l'empereur Maximilien II, sans rompre cependant nos anciennes alliances avec ces princes protestants, qui firent payer si cher leur concours à leurs coreligionnaires français. Pour leur fournir quelques milliers d'hommes, qui rendirent leurs armes sans combat à Dormans, en 1575, Jean-Casimir, fils de l'électeur Palatin, se fit promettre le gouvernement des Trois-Evêchés, que Catherine de Médicis lui racheta pour 1.200.000 livres. En 1587, un corps plus nombreux, fourni par le même prince, pilla la Lorraine et la Champagne et parut un instant menacer Paris. Le duc de Guise, Henri le Balafré, les vainquit à Vimory, près de Montargis, à Auneau, près de Chartres, et les poursuivit au delà de la frontière. Quelques années plus tard, lorsque Henri IV, roi de France par la mort de Henri III, mais obligé de conquérir son royaume sur la Ligue et les Espagnols, demandait des hommes et de l'argent à ses alliés d'Allemagne, Jean-Casimir essaya encore une fois de se faire céder ou donner en gage les Trois-Evêchés. L'envoyé français, Sancy, lui opposa un refus formel, en alléguant que ce serait démembrer le royaume et déshonorer le roi aux yeux de ses sujets.

Démembrer le royaume, — car « ni les géographes ni la commune façon de parler ne mettent point les villes de Metz, Toul et Verdun en Allemagne, mais en Gaule » (1), — donc en pays français. Telle est la maxime professée et appliquée par les derniers des Valois, comme par le premier des Bourbons. Henri IV n'a rien innové à cet égard. Le langage qu'il tient aux habitants de Metz, en 1603, est exactement le même que celui de Charles IX en 1564. Considérant leur droit comme établi, les rois de France tolèrent d'abord, sans les autoriser par aucune déclaration publique, restreignent ensuite, sans les supprimer complètement, les relations des Trois-Evêchés avec l'Empire.

D'après le Concordat germanique et la Bulle d'Or, les trois évêques, élus par les chapitres, devaient aller en personne prêter serment à l'empereur et se faire représenter à la Diète. Sous le régime français, à la suite d'une longue négociation engagée par Henri III,

(1) Lettre du cardinal d'Ossat, ambassadeur de France à Rome, du 22 décembre 1601.

les évêques sont nommés par le roi, institués par le pape, comme dans le reste du royaume. Le serment à l'empereur n'est pas refusé, mais différé, prêté de mauvaise grâce, et il finit par tomber en désuétude. C'est au roi que l'évêque, le chapitre et les bourgeois doivent avant tout jurer obéissance. L'évêque de Toul, La Vallée, reconnaît publiquement, en 1601, « que l'ancienne protection et garde des rois de France » remonte à Philippe le Bel et a toujours été continuée depuis. Il n'est plus question de délégation à la Diète après 1595, et le dernier diplôme impérial relatif aux Trois-Evêchés date du règne de Maximilien II. De nouveaux impôts sont levés avec ou sans le consentement des municipalités. Les tribunaux existants sont maintenus, mais Henri II a installé à Metz un présidial, qui juge au nom du roi. En 1607, un arrêt du Conseil d'Etat interdit les appels à la Chambre impériale de Spire, dont les « immortelles procédures » duraient plus longtemps que la vie des plaideurs. Cette défense, réitérée sous Louis XIII, en 1611, la substitution du français au latin dans la procédure, mais surtout la création d'un parlement à Metz (1633) et de tribunaux de bailliages dans les trois villes complètent, dans l'ordre judiciaire, l'assimilation des Trois-Evêchés aux autres provinces du royaume.

La question de la Lorraine était autrement difficile à résoudre. Bien qu'elle fût toujours vassale de l'Empire, elle était encore moins allemande, si c'est possible, que les Trois-Evêchés. Mais les Lorrains, fiers de leur passé et jaloux de leur indépendance, très attachés à leurs ducs qui étaient pour eux de vrais souverains nationaux, voulaient bien être amis, non pas sujets du roi de France. Henri II tourna la difficulté en annexant, non pas le duché, mais la dynastie. Fidèle à sa promesse, il maria le jeune duc Charles III à sa fille Claude (1558). La même année, le dauphin François épousa la reine d'Ecosse, Marie Stuart, nièce de François de Guise par sa mère, Marie de Lorraine. Le duc Charles assista aux fêtes du mariage avec une dizaine de princes du sang ou princesses de sa famille, « habitués en France », que l'on rencontrait plus souvent au Louvre qu'à Nancy. En 1575, Henri III, à qui l'on offrait la main d'une sœur du roi de Suède, répondit qu'il voulait « prendre une femme *de sa nation*, qui fût belle et agréable », et c'est une Lorraine qu'il choisit, la princesse Louise, fille de Nicolas de Vaudemont.

Charles III, tout occupé d'embellir sa capitale et de rendre heureux ses sujets, ne prit aucune part aux guerres de la Ligue, dont Henri de Guise s'était déclaré le chef. Ses bonnes relations avec Henri III ne furent troublées que par un incident qui n'eut pas de suites immédiates. En 1580, un archidiacre de Toul, François de Rozières, publia une Généalogie des ducs de Lorraine et de Bar, qui attribuait à leur famille, issue de Gérard d'Alsace, une origine carolingienne (1). C'était un ouvrage d'érudition, publié avec privilège du roi. La thèse qu'il soutenait était généralement admise et n'avait en elle-même rien de subversif. Les Ligueurs s'en emparèrent pour en tirer des conclusions que l'au-

(1) Gérard d'Alsace aurait été descendant de Charles de Basse-Lorraine, frère du roi Lothaire.

teur n'avait pas prévues : puisque les princes de Lorraine sont des Carolingiens, la couronne de France, que les Capétiens ont usurpée, devrait leur appartenir. Elle leur appartiendra de plein droit, si la race des Valois vient à s'éteindre. Or, Henri III n'a pas d'enfants, son frère, le duc d'Anjou, est très malade : il faut que le duc de Guise soit dès à présent reconnu leur héritier. Cette prétention, avouée trop tôt, irrita le roi, qui s'en prit à l'imprudent généalogiste. Rozières fut arrêté, condamné à mort pour lèse-majesté, gracié, à la prière de Catherine de Médicis et du duc de Lorraine, qui se tenait à l'écart des complots tramés par ses cousins, les Guises, et ne se pressa même pas de rompre avec le roi, quand celui-ci les eut fait assassiner à Blois (1588). Entraîné dans la Ligue après la mort de Henri III, il ne joua qu'un rôle effacé dans les guerres qui suivirent, occupa un instant Verdun et Toul, qu'il aurait bien voulu garder, et présenta aux suffrages des Ligueurs cherchant un roi son fils Henri, marquis de Pont-à-Mousson, « descendant de Charlemagne », et petit-fils de Henri II par sa mère. Le mauvais accueil fait à cette candidature, les divisions des chefs de la Ligue, les succès militaires et politiques de Henri IV et son abjuration à Saint-Denis décidèrent Charles III à déposer les armes avec plus de hâte qu'il n'en avait mis à les prendre, par les traités de Saint-Germain (novembre 1594) et de Folembray (décembre 1595). Les autres princes lorrains ne tardent pas à suivre son exemple. Ils font, l'un après l'autre, leur paix avec le roi, et la réconciliation est aussi franche, aussi complète que possible. Mayenne est remercié d'avoir « empêché le démembrement du royaume ». Charles de Guise, le fils du Balafré, reprend Marseille aux derniers Ligueurs, appuyés par l'Espagne, et le marquis de Pont-à-Mousson, l'ancien prétendant au trône de France, est nommé par Henri IV gouverneur de Toul et de Verdun.

Entre les deux maisons de France et de Lorraine, les rapports sont redevenus aussi intimes qu'au temps de Henri II. Dès 1595, Charles III s'était entremis spontanément à Rome pour obtenir du pape Clément VIII l'absolution du roi. Le duc, qui était veuf, aurait épousé volontiers Catherine de Bourbon, sœur de Henri IV. Comme elle le trouvait trop âgé, il lui offrit son fils aîné, Henri. Le roi, qui désirait vivement ce mariage, n'épargna rien pour le faire aboutir, mais sa sœur, zélée calviniste, refusait d'abjurer. Il fallait une dispense qu'on attendit quatre ans. Quand elle arriva, la princesse venait de mourir (1603). Henri IV ne renonça pas à l'idée de rattacher plus étroitement la Lorraine à la France au moyen d'une alliance de famille. Celle qu'il projetait à la fin de son règne aurait avancé et surtout facilité la réunion définitive. Le dauphin Louis devait épouser la fille aînée du duc Henri, qui avait succédé à Charles III, en 1608, et qui n'était pas moins bon Français que son père. Or, ce prince mourut, sans laisser de fils, en 1624, et la loi salique n'existait pas en Lorraine (1).

Henri IV ne pouvait pas se vanter, comme Henri II,

(1) Le mariage lorrain n'était pas un projet vague ou fantaisiste, comme ceux que Sully a prêtés à Henri IV. Bassompierre était allé le négocier à Nancy. Malheureusement Marie de Médicis y renonça, après la mort de son mari, et Louis XIII épousa Anne d'Autriche.

d'avoir « fait boire ses chevaux dans les eaux du Rhin ». Aucune armée française, sous son règne, n'a dépassé les Vosges. On en a conclu, bien à tort, qu'il se contentait de les avoir atteintes et que ses revendications n'allaient pas plus loin. Une opinion très fausse, trop longtemps accréditée chez nous, présente ce grand roi, Français et patriote, comme un généreux utopiste, qui ne rêve que d'équilibre et de paix universelle, qui veut se mettre à la tête d'une coalition européenne pour démembrer les Etats de la maison d'Autriche, en renonçant pour la France à toute acquisition territoriale. La vérité est que Henri IV se fâche quand Sully lui propose ce projet extravagant, et il commande à son ministre de lui apporter « une description bien particulière du royaume, avec spécification de ses bornes et limites, des usurpations que l'on a faites sur icelles, jusqu'où il serait besoin de les étendre pour lui donner des frontières bien assurées et non sujettes à invasions ou usurpations ».

La plus exposée et la plus indécise de nos frontières était celle du Nord, qui séparait la France des Pays-Bas, devenus autrichiens par le mariage de Marie de Bourgogne avec Maximilien, puis espagnols, après l'abdication de Charles-Quint. Le despotisme et les rigueurs impitoyables de Philippe II provoquèrent, en 1572, un soulèvement à la fois religieux et politique. Les sept provinces septentrionales, qui étaient protestantes, proclamèrent leur indépendance et formèrent la république des Provinces-Unies, organisée par Guillaume le Taciturne. Les dix provinces méridionales, restées catholiques, traitèrent à des conditions avantageuses avec le général de Philippe II, Alexandre Farnèse. On les appela Pays-Bas espagnols ou Belgique.

Chacune des provinces de la Belgique avait des institutions propres et jouissait de privilèges très étendus, que le souverain jurait de maintenir. S'il manquait à sa promesse, les différentes provinces se mettaient d'accord pour défendre leurs libertés par voie de remontrances ou de pétitions collectives et au besoin par les armes (1). De cette espèce de fédération entretenue par des griefs communs et des intérêts identiques est née la nationalité belge, bien plus ancienne qu'on ne le croit, et très vigoureuse, puisque trois siècles de domination étrangère n'ont pas arrêté son développement.

Entre les Belges et les Français, peuples de même origine, faits pour s'entendre, mais non pour se confondre, la démarcation n'était pas facile à déterminer. On sentait pourtant qu'il en fallait une. Celle que nos rois avaient tenté d'établir correspond assez bien à notre frontière actuelle. Philippe le Bel, à Valenciennes, Lille, Douai et Béthune, Louis XI à Arras et à Saint-Omer, François Ier dans le Luxembourg et à Landrecies, Henri II à Dunkerque et à Thionville, Henri IV à Cambrai et à Sedan, s'étaient préoccupés autant, sinon plus, d'assurer la défense du royaume que d'agrandir son territoire. Aucune de leurs acquisitions n'ayant été conservée, la France restait ouverte du côté du Nord. Elle ne serait jamais en sûreté, disait-on, tant que la Belgique appartiendrait aux Espagnols. Il fallait tâ-

(1) Contre Philippe II, à la fin du xve siècle, contre l'empereur autrichien Joseph II, à la fin du xviiie.

cher de la leur prendre, ou, si la chose était trop difficile, leur enlever le plus de villes que l'on pourrait, et les garder pour nous.

Henri IV raisonnait autrement, — mieux que ses contemporains, plus sagement que ses successeurs. La question essentielle à ses yeux était l'affranchissement de la Belgique, qu'il comptait réaliser par la diplomatie plutôt que par les armes. Une fois cette question réglée à la satisfaction des Belges, il serait facile de s'entendre avec eux au sujet de notre frontière, et l'on obtiendrait à Bruxelles des concessions que l'Espagne ne nous aurait jamais accordées.

L'idée de grouper les provinces belges en un seul Etat — province ou royaume — gouverné par un prince français ou ami de la France, n'était pas nouvelle. On la rencontre déjà au temps du mariage de Marie de Bourgogne. Le Flamand Comines conseillait à Louis XI de reconnaître à la fille de Charles le Téméraire la souveraineté des Pays-Bas, en lui faisant épouser le comte d'Angoulême, issu d'une branche cadette des Valois (1). Un siècle plus tard, les Belges, révoltés contre Philippe II, appelèrent par deux fois le duc d'Anjou, frère de Henri III. Les Etats Généraux, c'est-à-dire l'Assemblée nationale de Bruxelles, le reconnurent comme chef du gouvernement. Il se fit couronner duc de Brabant et comte de Flandre, et ne perdit le pouvoir que pour avoir voulu l'exercer « absolument à la française » (1578-1583).

Pour empêcher la Belgique de se tourner à nouveau

---

(1) Marie de Bourgogne, selon Comines, l'eût épousé volontiers, « tant désirait demeurer alliée de la maison de France ».

vers la France, Philippe II l'érigea en principauté autonome, sous le gouvernement de sa fille Isabelle, qu'il maria à un prince autrichien, l'archiduc Albert. Qualifiés de souverains, ils l'étaient réellement, puisqu'ils pouvaient rester neutres quand l'Espagne était en guerre (1598). Leur administration fut sage et bienfaisante, mais il était stipulé que, s'ils mouraient sans postérité, les Pays-Bas feraient retour à la monarchie espagnole. Comme, au bout de dix ans, Albert et Isabelle, qu'on appelait « les archiducs », n'avaient pas d'enfants, ils proposèrent au roi d'Espagne Philippe III de leur désigner comme successeur son second fils, qui épouserait la seconde fille du roi de France. Ce projet, agréé sans difficulté par Philippe III, ne fut pas accepté par Henri IV, parce que les Espagnols exigeaient pour consentir au mariage que la France s'unît à eux contre les Hollandais, nos alliés. La négociation fut rompue ou plutôt ajournée, car le roi se proposait de la reprendre, quand il aurait suffisamment « travaillé l'Espagne par la guerre des Hollandais », et qu'il serait par suite en état d'imposer ses conditions : reconnaissance de la république des Provinces-Unies; indépendance de la Belgique, sous la souveraineté d'un infant; mariage, sans condition, de cet infant avec une princesse française. Tels étaient les projets dont Henri IV avait entretenu la reine Marie de Médicis, et qu'il eût exécutés, dit Richelieu, « s'il eût vécu dix ans de plus ». Le cardinal ajoute que « diviser les provinces de Flandre du corps de la monarchie d'Espagne est un des plus grands avantages que la France et toute la chrétienté puissent acquérir ».

Détachée de l'Espagne, sans être annexée à la France, la Belgique aurait pu être dès lors ce qu'elle est devenue après 1830, « une garantie matérielle de sécurité sur notre frontière, une garantie politique de paix et d'équilibre européen (1), et il est permis de supposer que Henri IV, beau-père de l'infant roi des Belges, n'aurait pas eu plus de peine à s'entendre avec son gendre que Louis-Philippe avec Léopold I⁰ʳ. Cette hypothèse est d'autant plus vraisemblable que déjà les archiducs s'étaient rapprochés de la France. Leurs négociations directes avec la Hollande n'ayant pas abouti, ils demandèrent la médiation de Henri IV et obtinrent, grâce à lui, à défaut d'une paix définitive, une trêve de douze ans qui conservait à la Belgique Bois-le-Duc et les villes de la Meuse, Maëstricht, Ruremonde et Venloo (1609). Lorsque, l'année suivante, le roi se décida à commencer les hostilités contre la maison d'Autriche, Albert et Isabelle reçurent de lui l'assurance qu'elles ne s'étendraient pas aux Pays-Bas, et ils étaient si loin de nous regarder comme leurs ennemis qu'ils accordèrent sans difficulté à nos troupes le libre passage sur leur territoire.

Nous n'avons pas à exposer, encore moins à discuter, la politique générale de Henri IV, les grands projets qu'il avait conçus ou qu'on lui a prêtés contre les deux branches des Habsbourg. Il suffit de constater les faits suivants :

La France avait autant de griefs contre l'Autriche que contre l'Espagne. Depuis la mort de Maximilien II, la cour de Vienne était tombée sous la dépendance

_____
(1) Mémoires de Guizot.

étroite de celle de Madrid, dont elle servait de son mieux les ambitions et les rancunes. Malgré l'irrésolution de son caractère, l'empereur Rodolphe II ne nous était pas moins hostile que Philippe III.

Henri IV, « né et élevé dans les travaux et périls de la guerre », avait le droit de railler ces princes autrichiens, qui pensaient vaincre les Turcs « en vivant à l'espagnole, sans se montrer ni mettre eux-mêmes la main à la besogne ». Cependant leur puissance n'était pas méprisable : pour neutraliser leur mauvais vouloir et ruiner leur autorité dans l'Empire, le roi travailla pendant tout son règne à unir contre eux en une seule ligue les princes protestants, nos alliés, et même, s'il se pouvait, quelques princes catholiques, comme les trois électeurs ecclésiastiques et le duc de Bavière (1). A tous il se présentait comme le défenseur des libertés germaniques, il offrait son concours à l'Empire pour « brider l'empereur ». C'était le programme de Henri II, avec cette différence que Henri IV ne fixait pas à l'avance le prix de ses services. On aurait tort d'en conclure qu'il n'entendait pas se les faire payer.

Qu'il ait porté ses vues du côté du Rhin et songé à étendre jusque-là les frontières du royaume, c'est un fait que Richelieu affirme expressément dans ses Mémoires (2), et dont nous trouvons la preuve dans les documents diplomatiques du temps.

---

(1) Il n'y réussit qu'en 1608, en décidant, non pas tous, mais une partie des princes protestants à former l'*Union évangélique*, à laquelle Maximilien opposa, en 1610, la *Ligue catholique*, indépendante de la France, mais peu favorable à la maison d'Autriche.
(2) Son témoignage est ici d'autant plus digne de foi qu'il avait à sa disposition les papiers d'Etat et la correspondance de Henri IV,

Henri IV intervint souvent en Alsace. D'abord, en 1591, à propos d'un différend entre les bourgeois protestants de Strasbourg, nos alliés, et les Chartreux, qui conservaient un monastère aux portes mêmes de la ville, et qui étaient « de la juridiction de France ». Rodolphe II voulut évoquer l'affaire devant la chambre impériale. Le roi l'en empêcha et fit accepter aux deux parties une transaction équitable.

L'année suivante, les chanoines de Strasbourg, divisés, nommèrent en même temps deux évêques, un protestant, Jean-Georges de Brandebourg, et un catholique, Charles de Lorraine, qui se réfugia à Saverne et commença la guerre contre son compétiteur. La médiation de Henri IV suspendit les hostilités par le compromis de Sarrebourg, et régla définitivement la question par la convention de Haguenau (1604). L'élu des catholiques, Charles de Lorraine, conserva l'évêché. Mais, lorsque, circonvenu par l'influence autrichienne, il choisit pour coadjuteur l'archiduc Léopold, le roi lui adressa de vifs reproches, car « il était de son service et du bien du royaume que Strasbourg ne dépendît point d'un archiduc ». L'évêque s'excusa de son mieux : il n'était « qu'un pauvre prêtre et tout son serviteur », et il n'avait pas pensé « au tort qu'il ferait à la frontière du roi ».

Les magistrats et les habitants de la ville libre de Strasbourg étaient les amis de Henri IV avant qu'il fût roi de France. Ils lui avaient prêté de l'argent pour combattre la ligue. Dans la suite ils lui restèrent tou-

et que les anciens ministres, Villeroi et Jeannin avaient pu le renseigner sur l' « intention » du roi défunt.

jours fidèles, et justifièrent sa confiance par un loyalisme auxquels nos diplomates rendaient hommage. Le plus actif et le plus influent de nos agents en Allemagne, Jacques Bongars, écrivait : « Messieurs de Strasbourg ont bien mérité du roi de France. » En 1600, le doyen des chanoines protestants, Gebhard de Truchsess, au nom d'un groupe de bourgeois, offrit le protectorat de Strasbourg à Henri IV. Celui-ci consulta Bongars, qui répondit : « Je crois qu'il n'est pas temps de toucher cette corde. » Peut-être avait-il raison, car, le projet s'étant ébruité, les partisans de l'empereur le dénaturèrent à plaisir pour effrayer leurs concitoyens. Ils annonçaient, tantôt que le roi voulait donner l'évêché de Strasbourg à son fils naturel, César de Vendôme, tantôt qu'il préparait un coup de main pour forcer les portes de la ville. Ces rumeurs, aussitôt démenties par Bongars et par Henri IV lui-même, ne prouvent qu'une chose, c'est que l'occupation de Strasbourg par les Français semblait à tous possible et même probable. Elle était prévue par nos ennemis aussi bien que par nos amis.

Personne au contraire ne s'attendait à voir Henri IV prendre si nettement position contre l'Autriche et s'exposer au risque d'une guerre européenne à propos de la succession de Juliers. Jusqu'au dernier moment les agents impériaux crurent qu'il s'en tiendrait à des menaces et « qu'il n'oserait pas » les mettre à exécution. En France, la noblesse fut agréablement surprise d'apprendre qu'on allait se battre pour la réputation du roi et la sécurité du royaume, que Sully déclarait être en péril. Cette explication un peu vague était acceptée de tous, et, suivant le mot d'un envoyé hollandais, c'était un crime à la cour de croire que la guerre ne se ferait pas.

Jean-Guillaume, duc de Juliers et de Clèves, seigneur de Ravenstein, duc de Berg, comte de la Mark, seigneur de Ravensberg, était un des princes les plus riches de l'Empire. Ses domaines étaient traversés par le Rhin, dont il possédait les deux rives, avec les places importantes de Dusseldorf, Wesel et Emmerich, sur la rive droite. Comme ce prince, marié deux fois, n'avait pas de postérité, son héritage était, suivant l'expression de Henri IV, « menacé et aboyé de divers endroits ». Une centaine de prétendants, sœurs et beaux-frères, neveux, cousins ou simples voisins, mettaient en avant des droits que l'empereur refusait de reconnaître, sous prétexte qu'il ne devait pas abandonner à des protestants la souveraineté d'un pays catholique. Il aimait mieux la garder pour lui ou pour un prince de sa famille ou de sa clientèle, sauf à en céder quelque chose à son allié, le roi d'Espagne.

Henri IV ne veut ni d'un Habsbourg ni d'un fondé de pouvoir des Habsbourg à Juliers ni sur les bords du Rhin. Il n'admettra pas que l'empereur dispose de la succession de Jean-Guillaume sans l'aveu et contre les intérêts de la France. Ses ennemis le savent et manœuvrent en conséquence. Les envoyés autrichiens lui représentent qu'il s'agit d'un fief impérial, et que Rodolphe est libre d'en investir qui bon lui semble. Le roi répond invariablement qu'il est bien résolu à ne pas offenser les droits de l'Empire, mais qu'il ne l'est pas moins à protéger ceux de ses alliés (1). Ceux-ci, par malheur, continuaient de se quereller entre eux, n'écoutaient pas nos diplomates qui leur conseillaient l'union, et semblaient redouter autant que désirer l'intervention française. Après quatre ans de négociations sans résultat, la patience de Henri IV et de ses ministres était à bout. En janvier 1609, Villeroi émet l'avis qu'on pourrait « arranger tout cela à l'avantage de l'un des fils ou filles du roi avec l'une des maisons prétendantes ». Le roi lui-même « serait bien aise de frapper un coup de ce côté-là en faveur d'un des frères du dauphin, s'il pouvait le faire utilement et en être quitte pour de l'argent ». Un rapide examen fit écarter ce projet : le roi s'en tenait à ses déclarations précédentes : « Il faut mettre sous le pied toute ambition, écrivait Villeroi, et s'attacher entièrement à la défense et protection d'une cause juste, si nous voulons avoir de l'honneur et même du profit. » Le mot profit est à retenir : nous allons voir qu'il était justifié.

A la mort de Jean-Guillaume (25 mars 1609), le déchaînement des convoitises et les rivalités des prétendants fournissent à l'empereur Rodolphe un motif plausible pour intervenir. Sous prétexte d'éviter une guerre civile, il se proclame seul juge du litige et assigne les parties à comparaître devant lui dans un délai de quatre mois. Cette espèce de coup d'Etat inquiète et irrite tous les héritiers protestants, qui n'attendent rien de bon d'une sentence autrichienne. L'électeur de Brande-

(1) Les archiducs de Bruxelles proposaient d'attribuer la succession à un prince catholique agréé par le roi, investi par l'empereur. Le pape Paul V suggérait l'idée d'un partage des duchés entre la France et l'Espagne.

bourg, Jean-Sigismond, et le comte de Neubourg, qui étaient sur le point de se faire la guerre, se rapprochent, acceptent la médiation officieuse de Henri IV et signent, d'accord avec lui, la transaction de Dortmund (9 juin). Le margrave Ernest, frère de l'électeur, et Wolfgang-Guillaume, fils du comte de Neubourg, gouverneront conjointement les duchés, en qualité de « princes possédants ». Une commission d'arbitrage, dont les membres sont désignés d'avance, examinera à loisir, sans aucune ingérence autrichienne, les titres de tous les prétendants, et ses décisions seront sans appel. Les possédants prennent l'engagement écrit de ne rien changer à l'état religieux du pays; le clergé catholique conservera ses biens; les protestants pratiqueront librement leur culte. C'est le régime français de l'Edit de Nantes appliqué dans les duchés du Rhin.

La convention fut exécutée avec une rapidité qui déconcerta la cour de Vienne. Quand l'empereur apprit l'entrée d'Ernest à Duisbourg et de Wolfgang-Guillaume à Düren, il défendit de leur obéir, et nomma séquestre des duchés son cousin, l'archiduc Léopold, qui surprit la ville de Juliers, s'y fortifia et y rassembla quelques troupes, au grand effroi des possédants, qui n'en avaient pas. Les deux princes adressèrent à Henri IV un appel désespéré. Ernest de Brandebourg le nommait « son roi »; il voulait « combattre et mourir à ses côtés ». A Berlin, l'électeur Jean-Sigismond disait à Bongars que, si Rodolphe persistait à évoquer l'affaire, il se placerait, pour Juliers, sous la suzeraineté du roi de France. Sans aller aussi loin, les Neubourg, branche cadette de la maison Palatine, et l'électeur

Palatin lui-même, supplient le roi de croire à « l'affection qu'ils portent à sa personne et à celle de M. le dauphin ». Ils le remercient de la faveur et affection qu'il leur témoigne, et comptent sur lui pour les défendre « contre les cauteleuses machinations de certains étrangers », visant à la monarchie universelle — contre l'Espagne et même, bien qu'ils ne le disent pas, contre l'empereur. De son côté, Henri IV répondait à l'ambassadeur de Rodolphe, qui le pressait de faire connaître ses intentions : « Il n'y a que Dieu qui me puisse faire dire plus que je ne veux, et vous doit suffire que je ne délaisserai mes amis ni la justice de leur cause. »

Par la modération, la constance et la loyauté de sa politique, le roi impose son ascendant à des alliés qui n'étaient pas accoutumés à obéir. Il conseille, dirige et gouverne tous les princes laïques de la rive gauche du Rhin (1), réalisant ainsi le profit dont parlait Villeroi, sans qu'il en coûte rien à son honneur. Les électeurs ecclésiastiques sont plus difficiles à convaincre. Pourtant, Mayence nous est favorable, Trèves laissera passer nos troupes, Cologne promet sa neutralité.

Henri IV s'attendait à être attaqué, peut-être par l'Espagne, sûrement par l'Autriche. Cette perspective n'avait rien qui pût lui déplaire : il jugeait la guerre inévitable et il était persuadé qu'elle tournerait à notre avantage. Il craignait seulement qu'elle n'éclatât trop tôt. Sa préparation diplomatique était loin d'être

---

(1) Electeur Palatin, ducs de Simmern et de Deux-Ponts, prince de Birkenfeld, dont les Etats étaient séparés par l'électorat de Trèves des duchés de Juliers et de Clèves.

achevée. Beaucoup de négociations délicates avec les Protestants de la rive droite du Rhin, l'Angleterre, la Hollande, les princes italiens étaient encore en suspens. Pour les empêcher d'aboutir, l'Autriche emploie ses procédés habituels; intrigues, duplicité, mensonges préparent la surprise finale, le coup du fait accompli. En même temps qu'elle propose à Henri IV l'évacuation simultanée des duchés par Léopold, Brandebourg et Neubourg, elle offre à un prince protestant, l'électeur de Saxe, de lui abandonner la succession tout entière, et elle répand le bruit que le roi, sur l'avis du pape, renonce à soutenir les possédants. Bien que la nouvelle soit démentie, Léopold ouvre brusquement les hostilités contre Ernest et Wolfgang-Guillaume, bombarde deux de leurs villes et publie le décret de proscription lancé par l'empereur contre leurs adhérents (décembre 1609). A la surprise de tous, Henri IV patiente encore et « laisse couler l'hiver », mais sa résolution était prise et ses alliés en étaient avertis. Quand il est sûr de leur concours, quand leurs traités sont signés (1), il annonce publiquement qu'il veut « mener lui-même son armée à Juliers, afin de remettre la ville et ses dépendances sous la domination des héritiers légitimes ». Tel était l'objet avoué, immédiat, de l'intervention française. Il était pourtant certain qu'une fois l'affaire engagée, le roi ne pourrait pas et qu'il ne voudrait pas s'en tenir là. Ce n'était pas pour « faire son effet à Juliers, sans entreprendre autre chose », qu'il avait concentré à Châlons 36.000 fantas-

---

(1) Traités de Hall avec l'Union Évangélique, de Brussol avec le duc de Savoie (février-avril 1610).

sins, 6.000 cavaliers et son artillerie toute neuve. Il était fier de cette armée : « Qu'y a-t-il au monde qui puisse résister à cela? » disait-il. Ses ennemis étaient « en tremblement », et ses amis, les princes allemands, un peu inquiets des suites qu'il donnerait à sa victoire. Il ne s'explique pas sur ce point, se réservant toute liberté d'agir selon les circonstances, et répondant à ceux qui l'interrogent que sa conduite à leur égard dépendra de leur fidélité.

Battre l'Autriche en Allemagne, l'isoler de l'Espagne en lui fermant l'accès des Pays-Bas, mettre l'empereur hors d'état de nous nuire en constituant, sur les deux rives du Rhin, un groupement défensif, une ligue permanente de petits Etats, dont le seul chef respecté et obéi aurait été le roi de France, voilà quels étaient, en 1610, les « buts de guerre » de Henri IV. Sa correspondance, ses conversations avec ses ministres et ses diplomates, ses actes surtout, ne permettent pas d'en douter.

Les secours que l'Espagne promettait seraient arrivés trop tard. Sans l'assassinat de Henri IV, l'Autriche était perdue.

Le roi fut frappé le 14 mai 1610. Il devait partir le 19 pour son quartier général de Châlons. Le crime de Ravaillac servait si bien les Habsbourg qu'on les soupçonna d'en être les complices. Aucune preuve sérieuse ne justifie cette accusation. Rappelons pourtant — sans conclure — que la mort violente de Henri IV avait été prédite, sept mois d'avance, à Bruxelles, par un ambassadeur autrichien, le comte de Hohenzollern, qui revenait de Paris.

CHAPITRE VIII

Richelieu et Mazarin. — Le Traité de Munster.
Acquisition de l'Alsace.

Une opinion généralement acceptée veut que la politique nationale de Henri IV ait été abandonnée aussitôt après sa mort. Les choses, en réalité, n'allèrent pas si vite, et les premiers actes de Marie de Médicis, régente au nom de son fils Louis XIII, ne méritent pas les critiques dont ils ont été l'objet.

Avec un roi de neuf ans, une cour divisée, un Etat troublé par le réveil des anciens partis, les grandes ambitions ne nous étaient plus permises. Le maintien de la paix était une nécessité. Villeroi, Jeannin, Sully lui-même n'en étaient pas moins convaincus que Marie de Médicis.

Un rapprochement s'opère entre la France et l'Espagne : ce n'est pas Marie de Médicis, c'est Philippe III qui en prend l'initiative et qui en profite pour faire accepter, après dix-huit mois de négociations, ses projets d'alliances de famille, dont il avait été si souvent question sous le règne précédent. Louis XIII épousera Anne d'Autriche, fille aînée du roi d'Espagne, et la sœur de Louis XIII le prince des Asturies. « Pour fermer la bouche à tous ceux qui condamneraient ces mariages », il suffisait de rappeler « qu'ils avaient été projetés et désirés par le feu roi » (1).

Avec l'Autriche, aucune entente n'était possible, tant que l'archiduc Léopold conserverait Juliers. Devait-on l'expulser *manu militari?* La reine trancha la question en déclarant, malgré les conseils timides de ses ministres, qu'elle tiendrait la parole donnée par « le roi, son seigneur », et que la France irait prêter main forte à ses alliés. Les archiducs de Belgique proposèrent en vain leur médiation, appuyée par l'Espagne, acceptée par la France. L'empereur repoussant tout accommodement, le maréchal de La Châtre choisit dans l'armée de Champagne 11.000 soldats d'élite, avec lesquels il alla rejoindre devant Juliers nos alliés allemands et hollandais. Le gouverneur, n'étant pas secouru, rendit la ville, mais il ne voulut traiter de la capitulation qu'avec le commandant français (septembre 1610). Notre intervention ne se borna pas à cette exécution militaire. Un envoyé de la régente, Boissise, alla trouver à Cologne les ministres de Rodolphe II et leur signifia les conditions de la France : abandon de Juliers aux princes possédants; pas de commissaire autrichien dans les duchés; règlement définitif de la succession par une diète, et non par l'empereur. De nouvelles exigences des prétendants firent échouer les négociations au mo-

---

(1) Il y mettait, à la vérité, certaines conditions que les négociateurs de la régence eurent le tort d'oublier. La convention de 1612 stipulait simplement qu'aucun des deux États n'interviendrait dans les affaires intérieures de l'autre.

ment où elles allaient aboutir. La reine jugea que nous avions assez fait pour eux et elle s'abstint désormais de prendre part à un conflit où la France n'avait rien à gagner.

Pendant les tristes années qui suivent, de 1610 à 1624, la faiblesse et l'instabilité de notre gouvernement, les agitations intérieures, cabales, complots ou révoltes, et plus encore peut-être les secrètes menées des agents de Vienne ou de Madrid, paralysent à peu près complètement notre activité extérieure. En présence des événements qui se précipitent en Allemagne, de la rupture imminente entre l'Union évangélique et la Ligue catholique bavaroise, du soulèvement de la Bohême contre l'empereur Mathias et des embarras de son successeur, Ferdinand II (1), Marie de Médicis, Luynes, Louis XIII, dont les deux partis sollicitaient l'intervention, hésitent, tergiversent et ne se décident à rien, pas même à rester neutres. En 1620, Condé proposait d'envoyer une armée en Allemagne pour soutenir l'empereur contre les princes protestants, alliés traditionnels de la France. Le vieux ministre Jeannin démontra sans peine l'absurdité de cette politique, mais celle qu'il fit adopter, — médiations par ambassades, trêves séparées entre les belligérants, — eut des résultats funestes pour l'Allemagne, humiliants pour notre prestige, menaçants pour nos frontières de l'Est, qui jusque-là n'avaient couru aucun danger.

Chassé de Prague, où les Bohémiens l'avaient cou-

---

(1) Mathias (1612-1619). C'est sous son règne que commença, en 1618, la guerre de Trente ans, qui se continue sous Frédéric II (1619-1637) et Ferdinand III (1637-1657).

ronné roi, par la défaite de la Montagne Blanche (novembre 1620), l'électeur Palatin Frédéric V fut poursuivi jusque dans ses Etats héréditaires par les armées réunies de l'empereur et de la Ligue catholique. Le Bavarois Tilly, qui les commandait, saccagea Heidelberg et Mannheim, conquit en quelques semaines le Palatinat tout entier, et occupa fortement, sur la rive gauche du Rhin, Deux-Ponts, Simmern, l'évêché de Spire et l'Alsace. Avant de chercher un refuge en Hollande, Frédéric congédia ses généraux, les laissant libres d'agir au mieux de leurs intérêts. Le plus habile et le plus redouté, Mansfeld, « qui ne tenait à rien et n'obéissait à personne », alla piller la Lorraine avec les 12,000 soldats qui lui restaient. Le bruit de leurs méfaits se répandit dans les provinces voisines, et la terreur fut grande, même à Paris, quand on apprit, en août 1622, que cette troupe de brigands marchait vers la Moselle et paraissait vouloir entrer en France. Le danger n'était pas si pressant qu'on se l'imaginait. Mansfeld, à bout de ressources, ne cherchait qu'à nourrir son armée, et surtout à la vendre, — au duc de Rohan, chef des protestants révoltés du Languedoc, au roi d'Espagne ou au roi de France, à celui des trois qui le paierait le mieux. Le duc de Nevers, gouverneur de Champagne, lui permit de s'avancer jusqu'à la Meuse, négocia avec lui tout en réunissant des troupes, et le décida sans trop de peine à sortir du royaume, où l'on n'aurait jamais dû le laisser entrer.

L'imprévoyance et l'inertie de nos ministres eurent des conséquences infiniment plus graves dans l'affaire de la succession de Lorraine. Le duc Henri II, n'ayant pas d'enfant mâle, avait reconnu comme héritier sa fille aînée, Nicole, qu'il voulait marier à un membre obscur de la maison de Guise, assez souple pour accepter le rôle de prince-époux. L'opposition violente du frère de Henri II, François de Vaudémont, fit échouer cette combinaison très favorable aux intérêts français. Abandonné par nous, menacé par contre d'une intervention de la Bavière et de l'Autriche, dont son frère recherchait l'appui, le duc consentit au mariage de Nicole avec son neveu, Charles de Vaudémont, « pourvu que ce prince reconnût tenir la couronne de sa femme ». Cette condition ne fut pas observée. A la mort de Henri II, en 1624, Charles annula les dispositions qu'il avait prises, proclama donc son père, qui s'empressa d'abdiquer, et s'appela dès lors Charles IV, duc de Lorraine et de Bar, « par cession du duc François ». Louis XIII ne protesta pas contre ce coup d'Etat, qui aurait dû l'émouvoir, car le Barrois, réclamé en vain par la veuve de Henri II pour sa seconde fille, Claude, était un fief mouvant de la couronne de France.

Il était temps que « le roi changeât de conseil et le ministère de maxime ». Le cardinal de Richelieu, appelé au pouvoir le 26 avril 1624, définissait avec une admirable netteté la situation créée par les fautes de ses prédécesseurs, lorsqu'il écrivait à Louis XIII, quelques années plus tard : « On ne pouvait tolérer plus longtemps le procédé de ceux à qui Votre Majesté avait confié le timon de son Etat sans tout perdre; et, d'autre part, on ne pouvait aussi le changer tout d'un coup sans violer les lois de la prudence, qui ne permet

pas qu'on passe d'une extrémité à l'autre sans milieu. »
Pas de résolutions précipitées, pas d'entreprises aventureuses, mais une grande fermeté d'attitude et de langage, la volonté bien arrêtée et manifestée par des actes de faire respecter nos droits et notre honneur, tel fut le « procédé » de Richelieu, jusqu'au moment où la pacification intérieure du royaume et le réveil de l'esprit public lui permirent de reprendre ouvertement, avec la pleine approbation et le concours effectif de Louis XIII, la politique traditionnelle de la France et les grands projets de Henri IV.

Heureusement pour ses historiens, Richelieu écrivait beaucoup. Par sa *Correspondance*, ses *Mémoires*, et surtout son *Testament politique*, nous savons quelle importance il attachait à la question de nos frontières et comment il entendait la résoudre : « Jusqu'où allait la Gaule, jusque-là doit aller la France », — jusqu'aux limites que la nature et l'histoire lui assignent, par conséquent, vers l'Est, jusqu'au Rhin (1). Tous les pays situés sur la rive gauche étaient du domaine de nos anciens rois. Pour le prouver, les savants Pierre du Puy et Théodore Godefroy fouillent le Trésor des Chartes et les archives locales et y découvrent des titres qui remontent à Clovis, Dagobert et Charlemagne. Le roi entend « rétablir sa monarchie dans sa première grandeur ». C'est Richelieu qui l'annonce et qui se charge de donner satisfaction au vœu royal.

La création d'un parlement à Metz, en 1633, n'a pas

---

(1) L'authenticité du *Testament politique*, admise sans difficulté par La Bruyère, Fénelon et Villars, contestée par Voltaire, a été définitivement établie par M. Hanotaux.

seulement pour objet de défendre les droits de la France contre les prétentions surannées de l'Empire. Elle rompt les quelques liens qui subsistaient encore entre la Lorraine et les Trois-Evêchés. Si le pape veut accorder au roi la nomination directe des trois évêques, « le pays messin sera plus assuré à la France que le comté de Champagne ». En attendant la décision du pape, le roi ne manque pas une occasion d'intervenir dans les élections épiscopales et de désigner aux chapitres les candidats qu'il désire voir nommer.

Le duc de Lorraine Charles IV, justement suspect à la France, avait pourtant promis de la servir. Il était venu à Paris, de son plein gré, désavouer les mauvais desseins qu'on lui prêtait et offrir au roi toutes les garanties désirables au sujet de sa conduite future. Il voulait être notre allié, observer les traités conclus par ses prédécesseurs et ne favoriser aucune entreprise contraire aux intérêts du royaume.

Ces engagements ne furent pas tenus. De 1627 à 1632, le nom du duc de Lorraine est mêlé à toutes les intrigues, à tous les complots, aux révoltes des grands et des protestants, aux tentatives de coalition entre l'Angleterre, l'Espagne et la Savoie, alors en guerre avec nous. Richelieu se plaint, menace, mais patiente jusqu'au jour où Charles IV accueille pour la seconde fois à Nancy le frère de Louis XIII, Gaston d'Orléans, fugitif et rebelle, lui donne en mariage sa sœur Marguerite, contre la volonté du roi, réunit des troupes qui ravagent les frontières de la Champagne et livre aux Autrichiens la ville de Moyenvic, sur laquelle l'évêque de Metz, « protégé de la France », avait des droits. Alors seulement Richelieu se décide à faire entrer une armée en Lorraine. Tandis qu'elle assiège et reprend Moyenvic, Charles IV vient s'humilier à Metz devant le roi, obtient la paix qu'il viole aussitôt, traite encore quand les Français s'approchent de sa capitale, leur abandonne l'une après l'autre ses places de la Seille et de la Meuse, Marsal, Vic, Dun, Stenay, Jametz et le comté de Clermont-en-Argonne (1), accorde tout ce qu'on lui demande, offre davantage, mais n'en poursuit pas moins avec un entêtement implacable cette « lutte du pot de terre contre le pot de fer », dont il était seul à ne pas prévoir le dénouement. En 1633, Louis XIII annonce qu'ayant gravement à se plaindre du duc de Lorraine, il a décidé de lui faire la guerre et d'occuper ses Etats, offrant d'ailleurs de les lui rendre s'il nous donnait satisfaction sur tous les points en litige et nous remettait en dépôt Nancy, comme gage de sa fidélité. Charles IV, hors d'état de résister, s'enfuit vers les Vosges, comptant sur un secours que lui promet l'Autriche. Richelieu fait savoir à Vienne que, si Wallenstein passe le Rhin, les Français marcheront sur Strasbourg. Forcé de subir les conditions de la France ou de rester duc sans territoire, Charles IV se soumet d'abord par le traité de Charmes (20 septembre 1633), et accompagne même Louis XIII lors de son entrée solennelle à Nancy. Mais brusquement il se ravise, abdique le 19 juin 1634, et va servir l'empereur en Allemagne, laissant la Lorraine et le duché de Bar à son frère, Nicolas-François, évêque de Toul. Cet étrange prélat, qui n'était pas encore engagé dans

(1) Traités de Vic, 6 janvier, de Liverdun, 26 juin 1632.

les ordres, renvoya au pape son chapeau de cardinal et s'accorda lui-même les dispenses nécessaires pour épouser sa cousine, la princesse Claude, sœur de la duchesse Nicole, qui aurait pu lui disputer la succession.

La cour de France ne reconnut pas le nouveau duc. Tout le monde à Paris disait que l'abdication de Charles IV n'était qu'une feinte « visible sans lunettes », et qu'elle ne devait pas le soustraire à un châtiment mérité. Par un arrêt longuement motivé, le Parlement de Paris déclara « Charles de Lorraine, vassal lige de la couronne, criminel de lèse-majesté, félonie et rébellion », et le bannit à perpétuité, avec confiscation du duché de Bar et de tous les biens qu'il possédait dans le royaume. De plus, en raison des infractions aux traités commises par le duc Charles, le roi était humblement prié de se faire raison par la voie des armes sur les biens de son vassal non situés en France (5 septembre 1634). Un manifeste de Louis XIII confirma cet arrêt et signifia aux Lorrains que « dans tous les pays qui obéissaient ci-devant au duc Charles », l'autorité du roi de France serait seule reconnue; que la justice serait rendue en son nom par un conseil souverain institué à Nancy (1); qu'on prierait pour lui dans toutes les églises, et que chaque personne ayant emploi, charge ou fief dans l'étendue de ce pays prêterait serment « de bien et fidèlement servir le roi de France, son souverain seigneur, comme bons et loyaux sujets doivent faire ».

(1) L'ancien Parlement lorrain de Saint-Mihiel était conservé, mais recevait comme président un intendant français.

La précision des termes employés ne laisse aucun doute sur le vrai sens de la déclaration royale. Ce qu'elle vise, ce qu'elle décrète, ce n'est pas la saisie révocable, l'occupation temporaire des Etats du duc de Lorraine, c'est le rattachement définitif à la France — on dirait aujourd'hui la réintégration — d'une ancienne province du royaume usurpée par l'Empire. Louis XIII met fin à cette usurpation, fait revivre le droit qu'il tient de ses prédécesseurs et prend possession de la Lorraine sans que l'empereur ou d'autres princes allemands fassent rien pour l'en empêcher.

La question, qui semblait réglée, fut presque aussitôt rouverte par Richelieu lui-même. Dès 1639, il engagea une négociation secrète avec Charles IV, déjà las du service autrichien. Après s'être un peu fait prier, le duc accepta l'accommodement qu'on lui proposait, vint à Paris, en 1641, offrir au roi « son repentir du mauvais procédé qu'il avait eu depuis dix ou douze ans envers Sa Majesté » et signa un traité — c'était au moins le septième depuis 1630. — A peine rétabli dans ses Etats, il recommença à nous trahir et s'enfuit au moment où il allait être arrêté. Les Français rentrèrent en Lorraine et y rétablirent l'autorité du roi.

Ces variations apparentes de la politique française s'expliquent par les événements qui se passaient alors en Allemagne et le parti que Richelieu se proposait d'en tirer.

Par le traité de Ratisbonne, en 1630, la France promettait à Ferdinand II de ne donner « assistance d'aide, conseil, argent, armes et vivres à ceux qui étaient ou seraient déclarés ennemis de l'Empire ». Cependant l'empereur ne prétendait pas « que le roi renonçât à ses alliances. Personne ne le pouvait empêcher d'assister ses alliés et amis, s'ils étaient attaqués ». Richelieu, pour le moment, ne prétendait pas faire autre chose.

Sur la rive gauche du Rhin, de nombreux alliés, anciens ou nouveaux, protestants ou catholiques, nous appelaient à leur secours, les uns contre les Impériaux et les Espagnols, les autres contre les Suédois. D'abord Strasbourg et l'Alsace, Spire et les villes du Palatinat, puis les électeurs ecclésiastiques de Mayence, Trèves et Cologne réclament officiellement la protection de la France. Richelieu la leur accorde, fait passer des troupes en Alsace, occupe Trèves, Coblence, Ehrenbreitstein et Philipsbourg (1), malgré les protestations de Gustave-Adolphe et les menaces de l'empereur avec qui nous n'avions pas encore rompu (1632).

C'est seulement en 1635 que la France déclare solennellement la guerre à la maison d'Autriche. Le motif qu'elle invoque est l'enlèvement de l'électeur de Trèves, notre allié, surpris dans sa capitale par une troupe d'Espagnols et retenu captif par ordre de l'empereur : « Le roi était résolu de tirer raison par les armes de cette offense qui intéressait tous les princes de la chrétienté. » Du moins elle intéressait la France, qui pouvait à bon droit la considérer comme un *casus belli*.

Depuis cinq ans, Richelieu avait repris sur la rive gauche du Rhin, avec des vues plus nettes et des résultats plus décisifs, l'œuvre de rattachement ébau-

(1) Bien que situées sur la rive droite du Rhin, ces deux dernières places appartenaient à l'électeur de Trèves.

chée par Henri IV. A ceux qu'il attirait ou qui venaient d'eux-mêmes à notre alliance, il posait ses conditions : plus de guerres religieuses ni de querelles particulières; à l'égard de l'Autriche, neutralité garantie par la France. Presque tous acceptaient et trouvaient avantage à nous rester fidèles. Richelieu profitait de leurs bonnes dispositions pour affermir et étendre un peu plus chaque jour « l'autorité » du roi dans ces anciennes provinces austrasiennes, qui étaient de son héritage et qui devraient, au même titre que la Lorraine, faire retour à la patrie française.

Pour ruiner ce grand dessein, punir nos alliés et reprendre les villes qu'ils nous avaient données en garde, l'empereur et le roi d'Espagne firent de sérieux préparatifs militaires en vue d'une double attaque qui échoua sur le Rhin (1), mais leur livra, sur la Moselle, Trèves et son archevêque, Philippe-Christophe, zélé partisan de la France et ami personnel de Richelieu, dont il voulait faire son coadjuteur. Quand Louis XIII, poussé à bout, se décida à déclarer la guerre, il y avait six mois que ses ennemis l'avaient commencée.

On se battit sur les deux rives du fleuve, de Bâle à Coblence, sur la Moselle et sur le Mein, dans le Palatinat et jusqu'en Lorraine, sans avantage marqué pour aucun des deux partis. Mais la France occupa l'Alsace et Richelieu sut nous la conserver.

Comment s'y prit-il? Dans quelles circonstances et dans quelles conditions notre province d'Alsace redevint-elle française?

---

(1) Philippsbourg fut livré aux Impériaux par une trahison de nos auxiliaires allemands, mais nous leur reprîmes Spire, et

Les Allemands ont arrêté depuis longtemps, sur ce point, leur système historique : ce ne sont pas les Français qui ont conquis l'Alsace, mais leur allié, Bernard de Saxe-Weimar, généralissime de la ligue protestante, à qui Richelieu l'avait promise comme récompense de ses services. Elle devait lui appartenir en toute souveraineté et être érigée, à la paix, en fief de l'Empire. Quand la conquête fut achevée, le cardinal, infidèle à sa promesse, disputa l'Alsace à Bernard et profita de sa mort pour la réunir à la France.

La thèse est facile à réfuter; elle est contraire aux faits, même à ceux dont elle fait usage.

Jamais Richelieu n'a fait mystère à ses alliés allemands de ses projets sur l'Alsace, jamais il ne les a désavoués ni feint d'y renoncer. Par un traité signé à Paris le 1er novembre 1634, les confédérés remettaient « en dépôt et sous la protection du roi » toute l'Alsace, avec ses places, même celle de Brisach, sur la rive droite, s'il pouvait s'en rendre maître, « pour y exercer tous droits et défendre ce pays comme son bien ». Second traité, le 27 octobre 1635, avec Bernard de Weimar. Ce « généralissime » passait au service de la France avec son armée, désormais soldée par nous. Lui-même recevait une pension de 800.000 francs et, après la guerre, une principauté quelconque, *sauf l'Alsace, déjà occupée par nos troupes et que Richelieu ne consentit jamais à lui abandonner* (1). Chargé de la défendre

Charles de Lorraine, qui par trois fois envahit l'Alsace, en fut trois fois chassé par le duc de Rohan.
(1) Ce fait a été démontré d'une manière irréfutable, d'après la correspondance de Richelieu, par un éminent historien français, M. Giraud.

pour nous contre les armées impériales, il repoussa toutes les attaques de nos ennemis, passa sur la rive droite du Rhin, où il prit Fribourg et Brisach, et mourut peu après, à demi brouillé avec le cardinal, qu'il fatiguait de ses exigences et de ses prétentions injustifiées (1639). En achetant trop cher son armée qui ne valait rien, et en l'envoyant se battre en Allemagne, le roi soulagea l'Alsace « qui n'en pouvait plus », et remit en des mains plus sûres la garde de sa nouvelle frontière.

La mort de Richelieu, en décembre 1642, et celle de Louis XIII, en mai 1643, n'apportent aucun changement dans la direction générale de notre politique ni dans la conduite de la guerre. En ce qui concerne nos frontières de l'Est, Anne d'Autriche, devenue bonne Française, laisse le champ libre à Mazarin, qui pense et veut agir comme son prédécesseur. Quand il parle, dans ses lettres, de l'Alsace et de la Lorraine, il dit toujours : « Nos provinces. »

Le 19 mai 1643, le duc d'Enghien mit en déroute à Rocroi les Espagnols qui avaient envahi la Champagne. Pendant qu'il les poursuivait dans le Luxembourg et leur enlevait, sur la Moselle, Thionville et Sierck, nous étions battus à Tuttlingen, en Souabe, et refoulés jusqu'au Rhin que le Bavarois Mercy s'apprêtait à franchir. Turenne et le duc d'Enghien l'en empêchèrent. Après leur victoire de Fribourg (1644) qui sauva l'Alsace, en rejetant l'ennemi derrière la Forêt-Noire, ils descendirent le long du Rhin, entrèrent à Philipsbourg, Landau, Spire, Worms et Mayence. Nous tenions le cours entier du fleuve depuis la Suisse jusqu'à Cologne, tous les ponts, sauf celui de Strasbourg, gardé par nos alliés. Presque toutes les places des électorats ecclésiastiques et du Palatinat étaient occupées par des garnisons françaises. Ces acquisitions ne constituaient pas seulement, comme on l'a dit, des gages ou des objets d'échange en vue de la paix générale. Plusieurs, sinon toutes, auraient dû nous rester. Ce n'est pas la faute de Mazarin si le traité de Munster ne répondit pas complètement à ses espérances et s'il crut devoir, en l'annonçant à Turenne, s'excuser de l'avoir signé (1).

Nos alliés nous avaient mal soutenus dans les négociations. Plusieurs nous avaient abandonnés. La Hollande venait de conclure une paix séparée; la Suède s'apprêtait à en faire autant. A Paris, les « méchants esprits et mauvais patriotes » accusaient le ministre de perpétuer la guerre pour rester au pouvoir, soutenaient le parlement qui voulait le renverser, et donnaient le signal de la Fronde par la Journée des Barricades (août 1648). Mazarin, cédant à la nécessité, écrivit à notre plénipotentiaire Servien de signer la paix au plus tôt. « Pourvu que les choses solides et essentielles soient bien établies, disait-il, il ne faudra pas prendre garde de si près aux autres. Le roi aura l'obligation au parlement des désavantages que Sa Majesté aura dans la paix, si on est contraint de relâcher des choses qu'on aurait obtenues, si chacun était demeuré dans son devoir. »

Servien était le plus ferme et le plus adroit de nos diplomates. Suivant à la lettre les instructions de Mazarin, il fit quelques concessions, regrettables assurément,

(1) Lettre du 6 novembre 1648.

sur la forme et la rédaction des articles, il n'en fit aucune sur « les choses solides et essentielles ». Le jour où le traité fut signé (24 octobre 1648), le médiateur vénitien Contarini put dire en toute vérité qu'il y avait plus de deux cents ans « qu'un ambassadeur de France n'avait envoyé à son maître trois provinces dans une lettre ». Ces trois provinces étaient la Lorraine, les Trois-Evêchés et l'Alsace.

Le traité ne tranche pas la question de la souveraineté de la Lorraine. « Cette affaire n'est point du traité de l'Empire. » Mazarin refuse de la discuter. Elle sera réglée — plus tard — par arbitrage ou par toute autre voie pacifique. En attendant, nous continuions d'occuper la Lorraine, et Mazarin ne cacha pas son intention de la conserver (1).

L'Empire renonce définitivement aux Trois-Evêchés, qui appartiendront désormais à la France en toute souveraineté, avec les districts lorrains qui en dépendent, y compris Moyenvic.

La cession de l'Alsace nous avait été, non seulement promise, mais formellement accordée par les deux conventions préliminaires du 17 septembre 1646 et du 21 novembre 1647, la seconde assez explicite pour que la plupart de ses articles aient été reproduits sans changement dans le traité de Munster.

Le traité lui-même s'exprime ainsi (articles 75 et 76) : « L'Empereur, pour lui et pour toute la Sérénissime Maison d'Autriche, et de même l'Empire, cèdent

---

(1) La reine Christine de Suède nous conseillait de la rendre à Charles IV. « Elle ne trouverait pas fort bon, écrivait Mazarin, que nous lui tinssions ce discours-là au sujet de la Poméranie », conquise par Gustave-Adolphe.

tous les droits, les propriétés, les domaines et les juridictions qui leur appartenaient jusqu'ici sur la ville de Brisach, le landgraviat de Haute et Basse-Alsace, le Sundgau (Altkirch) et la préfecture provinciale des dix villes impériales situées en Alsace (Colmar, Munster, Schelestadt, Haguenau, Wissembourg, Landau, etc.), tous les districts et les autres droits qui dépendent de ladite préfecture, et transfèrent le tout au roi Très Chrétien et au royaume de France. » Tous les pays énumérés passent, avec leurs habitants, sous le « suprême domaine » du roi qui les « incorpore à sa couronne ». Ni l'Empereur, ni l'Empire, ni aucun prince de la Maison d'Autriche n'y exerceront à l'avenir aucune autorité, soit en deçà, soit au delà du Rhin (à Brisach).

Ces deux articles disaient tout ce qu'il fallait dire, tout ce que Mazarin voulait dire : l'Alsace est réunie à la France. Il aurait dû s'en tenir là, couper court à tout commentaire et repousser toute addition. L'empereur ne semblait pas plus tenir à l'Alsace que les Alsaciens ne tenaient à lui. Une indemnité de trois millions était allouée aux archiducs, qui déclaraient s'en contenter. Mais les princes allemands et les Etats de l'Empire continuaient à protester contre la cession de l'Alsace. N'ayant pas réussi à l'empêcher, ils s'efforcèrent d'en atténuer les effets et d'en restreindre le plus qu'il se pourrait la signification. Par lassitude ou par calcul, pour ne pas se brouiller avec d'anciens alliés, Mazarin laissa passer dans le traité ce trop fameux article 89, dangereux pour nous, parce qu'il prêtait à l'équivoque, mais plus absurde encore que dangereux.

L'article est très court : trois paragraphes, ou plutôt trois phrases : la troisième est en contradiction complète avec les deux premières.

1° Tous les *sujets immédiats de l'Empire romain* dans les deux Alsaces, abbés, comtes, barons, tous les nobles de la Basse-Alsace, les bourgeois des dix villes libres, jouiront, comme par le passé, de la liberté et de l'immédiateté à l'égard de l'Empire.

2° Le roi Très Chrétien ne pourra prétendre sur eux à aucune « supériorité royale ». Il devra se contenter des droits appartenant jusqu'ici à la Maison d'Autriche et cédés par elle à la France.

Ce galimatias signifie, les juristes et les historiens teutons veulent bien nous l'expliquer, que les Alsaciens, devenus Français, continueront d'être Allemands, et enverront des députés à la Diète germanique; que le traité ne cède pas à la France l'Alsace entière, mais seulement les domaines alsaciens de la Maison d'Autriche. Les articles 75 et 76 disent exactement le contraire.

3° « Correctif énergique » et conclusion impérative : deux lignes de Servien : « Il est bien entendu que la présente déclaration ne porte aucune atteinte au droit entier de *suprême domaine* précédemment accordé », c'est-à-dire à la souveraineté du roi — sur toute l'Alsace, Haute et Basse, *Provincias Alsatiam utramque*, comme le répètent encore une fois l'empereur et 31 représentants des électeurs, princes et Etats de l'Empire, dans deux déclarations identiques, annexées à l'original du traité de Munster et conservées à Paris, dans les archives des affaires étrangères. La France prit acte de leurs renonciations et leur signifia qu'elle tenait pour nulles et de nulle valeur toutes interprétations, limitations, protestations publiques tendant à « diminuer ce que l'Empereur et l'Empire lui avaient cédé purement et simplement et sans aucune condition » (1). Nous connaissions assez les Allemands pour prévoir qu'ils ne feraient pas honneur à leur signature, qu'ils trouveraient moyen de rouvrir la controverse et nous obligeraient à reprendre les armes pour défendre nos droits.

N'anticipons pas sur les événements qui vont suivre, arrêtons-nous à cette date de 1648, glorieuse entre toutes dans l'histoire de nos revendications légitimes, et récapitulons les avantages que nous assurait sur notre frontière de l'Est le traité de Munster, préparé par Richelieu, signé par Mazarin :

Maintien en Lorraine du *statu quo*, qui était tout à notre avantage, l'occupation prolongée devant forcément aboutir au protectorat organisé ou à la réunion définitive.

Incorporation au territoire français des Trois-Evêchés; rupture du lien fictif qui les rattachait encore à l'Empire.

Acquisition de l'Alsace, moins Strasbourg, dont le traité ne détermine pas nettement la condition future,

---

(1) Déclaration de Servien, lors de la ratification du traité de Munster, le 18 février 1649.

moins Mulhouse, république alliée des cantons suisses, indépendante en fait de l'Empire. Sur la rive droite du Rhin, Brisach nous appartenait, et nous tenions garnison à Philipsbourg.

Nos alliés de la rive gauche n'étaient pas oubliés. Nous retirions nos troupes de leur territoire, mais les nombreux articles du traité qui les concernent prouvent que nous les considérions toujours comme nos protégés. Les électeurs de Trèves, de Mayence, les évêques de Spire et de Worms recouvrent, grâce à notre intervention, tout ce qui leur avait été enlevé pendant la guerre. Le Palatin Charles-Louis, dont le père, Frédéric V, avait été mis au ban de l'Empire, est rétabli dans ses Etats des bords du Rhin, et l'empereur crée pour lui un huitième titre électoral.

L'article 65 du traité autorisait les princes de l'Empire à former des alliances entre eux et avec les Etats étrangers, sans le consentement de l'empereur. Les premiers qui usèrent de ce droit furent les princes de la rive gauche du Rhin, et ce fut l'alliance de la France qu'ils recherchèrent, lorsque Ferdinand III fit passer par leur territoire les renforts qu'il envoyait à notre ennemi, le roi d'Espagne. Le pacte d'union défensive, conclu dès 1651 par les électeurs de Mayence, Trèves et Cologne, élargi et consolidé par l'adhésion de la France, devint, en 1658, la Ligue du Rhin pour le maintien du traité de Munster. Mazarin, pour le moment, ne lui demandait pas autre chose : en obligeant le nouvel empereur Léopold à rester neutre, elle nous aida à en finir avec les Espagnols. Le 7 novembre 1659, Philippe IV signa le traité des Pyrénées.

En dehors du Roussillon et de l'Artois, conquêtes de Richelieu que Mazarin avait su nous conserver, l'Espagne nous cédait, dans le Luxembourg, quelques places d'une réelle importance, Thionville qui couvrait Metz, Marville, Damvilliers, Montmédy, Carignan, qui protégeaient Verdun.

CHAPITRE IX

Louis XIV (1661-1715). — La Ligue du Rhin. — Les réunions : Strasbourg. — Le Traité de Ryswyck et le traité de Rastadt.

Presque tous nos historiens ont reproché à Louis XIV d'avoir fait de la succession d'Espagne la grande affaire de son règne, d'avoir sacrifié à une ambition chimérique des avantages qu'aucune puissance n'aurait pu nous ôter sur notre frontière de l'Est, d'avoir perdu pour longtemps (Vauban disait pour toujours) « l'occasion de nous borner par le Rhin ». C'est là tout au moins une exagération. La rancune tenace et les diatribes haineuses des pangermanistes sont la meilleure preuve que la politique du grand roi ne fut pas si maladroite. L'acquisition de Strasbourg n'est pas le seul bénéfice qu'elle nous ait rapporté.

Résumons les faits, en les dégageant de l'histoire générale du règne, tout en suivant la division chronologique qu'elle impose.

1° De 1661 à 1672, jusqu'à la guerre de Hollande. — Maintenir et faire observer le traité de Munster, ménager et contenter, s'il se pouvait, les princes allemands pour les détacher des intérêts de la maison d'Autriche, tel fut tout d'abord le système adopté par Louis XIV et très habilement appliqué par son ministre Lionne, le meilleur élève de Mazarin. Pas de conflits : pas de revendications nouvelles. Sans rien abdiquer de ses droits, le roi tolère que la noblesse d'Alsace et les anciennes villes impériales portent leurs procès devant la cour de Spire. Après d'interminables négociations, dans le détail desquelles nous ne pouvons entrer (traités des Pyrénées, de Vincennes, 1661, de Montmartre, 1662, de Metz, 1663) (1), la Lorraine et le duché de Bar furent restitués à Charles IV, concession fâcheuse assurément, mais sans danger réel, vu les précautions prises : démolition des fortifications de Nancy; le duc aura deux compagnies de gardes, une de chevau-légers, pas un homme d'infanterie, libre passage en tout temps pour les troupes françaises allant en Alsace ou à Philipsbourg.

La Ligue du Rhin subsista jusqu'en 1667. Le roi n'en était pas le chef, mais, sous le titre modeste de « membre de la paix », il rendait volontiers service à ses confédérés. Il s'unit à eux, en 1664, pour secourir l'empereur Léopold contre les Turcs, aida l'archevêque de Mayence à soumettre ses sujets protestants d'Erfurt qui lui refusaient obéissance, et par sa médiation réconcilia les deux partis. Vers le même temps, nos troupes

---

(1) Par le traité de Montmartre, ce fantasque souverain reconnaissait Louis XIV comme son légitime successeur et lui remettait comme garantie la place de Marsal. En retour, les princes lorrains seraient déclarés princes de la famille royale de France. Il ne fut pas donné suite à ce traité, mais Louis XIV garda Marsal.

appelées par les Hollandais contre l'évêque de Munster, passèrent par le territoire de Cologne, avec le consentement de l'archevêque, Henri-Max de Bavière, en même temps évêque de Liége, qui avait pour conseillers François-Egon de Furstenberg, évêque de Strasbourg, et son frère Guillaume, évêque de Metz, « serviteurs parfaitement zélés » du roi Très Chrétien.

Pendant la guerre dite de Dévolution ou des Droits de la reine (1667-1668), quand Louis XIV fit en personne la conquête de la Flandre, ses alliés du Rhin lui restèrent fidèles. Ils le servirent mieux par leur neutralité bienveillante que le duc de Lorraine, qui, ayant levé quelques troupes, sans le consentement du roi, les lui prêta, sur sa demande, mais les mit, dès qu'il le put, à la disposition du roi d'Espagne. Au congrès d'Aix-la-Chapelle, il négocia secrètement avec les puissances qui nous imposaient leur médiation, Hollande, Angleterre et Suède, et leur offrit son concours contre la France. La conclusion de la paix n'arrêta pas ses intrigues : il porta ses propositions à Vienne. Louis XIV se décida à en finir. Le maréchal de Créqui reçut l'ordre de se saisir des Etats, et, s'il se pouvait, de la personne de Charles IV. Les Français entrèrent à Nancy quelques heures après la fuite de Charles IV, qui ne devait plus y revenir. Ils occupèrent de nouveau toute la Lorraine, dont Créqui fut nommé gouverneur. L'empereur et l'Empire protestèrent. On leur répondit « que Sa Majesté ne voulait point profiter de la Lorraine, mais qu'elle ne la rendrait jamais à la sollicitation de personne ». Ni l'empereur ni la diète ne répliquèrent à cette déclaration, que Louvois trouvait trop peu catégorique.

La province était « bonne à unir au royaume », écrivait-il. Le roi devra « chercher des expédients pour se la conserver ».

2° 1672-1678, jusqu'au traité de Nimègue. En 1672, Louis XIV soutient son allié, l'archevêque de Cologne, contre les bourgeois de cette ville révoltés et les Hollandais qui avaient pris parti pour eux. Cet incident fut, non la cause, ni même le prétexte, mais le prologue de la grande guerre que le roi préparait contre les Provinces-Unies. Louvois en profita pour visiter et organiser les places du Rhin, y créer des arsenaux et des magasins à l'usage de l'armée française. Nos gros canons descendirent le fleuve sur des bateaux qui servirent ensuite de pontons. Le plus grand service que nous rendit l'électeur fut d'accorder libre passage à nos troupes à travers ses Etats de Liége et de Cologne. De Charleroi jusqu'à Wesel, le roi avait « voyagé » sur les terres de son allié.

Ce fut encore sur la rive gauche du Rhin, à Trèves, que débuta la guerre de la première coalition, qui n'était qu'une extension de la guerre de Hollande. L'Autriche et l'Espagne voulaient s'y établir pour gêner nos communications. Louis XIV la prit et y mit garnison.

Un congrès s'ouvrit à Cologne et traîna en longueur. Les Autrichiens le rompirent en enlevant le ministre de l'électeur, Guillaume de Furstenberg. A partir de ce moment et jusqu'au traité de Nimègue, on ne cessa plus de se battre sur les deux rives du Rhin. Tandis que Louis XIV, renonçant à ses conquêtes de Hollande, se retournait contre l'Espagne et faisait son « pré carré » dans les Pays-Bas, la « guerre d'Allemagne », plus dure et moins brillante, fut une vraie guerre de défense nationale. L'empereur entraîna la Diète. Tous les princes de l'Empire, excepté l'électeur de Bavière et le duc de Hanovre, se déclarèrent contre nous, sans souci de la neutralité promise ni du prix dont nous l'avions payée. Le grand électeur Frédéric-Guillaume de Brandebourg, qui mena la première attaque, avait « ses poches bourrées de l'or français ». Turenne le battit à plusieurs reprises, le rejeta à travers la Westphalie jusqu'à l'Elbe et lui imposa une trêve aussitôt violée que conclue (1673). La défection du Palatin et des électeurs ecclésiastiques obligea nos généraux à repasser sur la rive gauche du Rhin, suivis de près par les Impériaux, qui nous prirent Bonn, Trèves et Philipsbourg. L'Alsace fut envahie, la Lorraine menacée. Turenne, par son admirable campagne de 1674, dégagea momentanément l'Alsace, mais les Allemands y rentrèrent après sa mort et s'y maintinrent, malgré Condé. Sur la frontière de la Lorraine, le jeune duc Charles V, neveu de Charles IV, et, comme lui, général autrichien, cherchait l'occasion de « gagner une bataille au milieu de son pays, sous les yeux de ses villes ». N'osant attaquer Metz, il marcha sur Nancy, qu'il espérait surprendre. Créqui l'arrêta entre la Seille et le Grand-Couronné, l'empêcha de se porter sur la Meuse, le suivit dans sa retraite à travers les Vosges et le poussa hors de l'Alsace avec tout ce qui restait d'Allemands dans la province. La France avait reconquis la ligne du Rhin et la dépassa même, lorsque Créqui, pour obliger l'empereur à faire la paix, s'empara de Fribourg et du fort de Kehl et fit sauter le pont que les magistrats de

Strasbourg, soi-disant neutres, avaient tenu pendant toute la guerre à la disposition de nos ennemis. La coalition était dissoute : la Hollande et l'Espagne avaient accepté à Nimègue les conditions de Louis XIV. Léopold résistait encore, exigeant avant tout la restitution de l'Alsace à l'Empire. Pour toute réponse, les envoyés du roi apportèrent un projet de traité conforme au traité de Munster, sauf l'échange avantageux pour nous de Philipsbourg contre Fribourg. Ce traité fut signé par l'empereur le 5 février et ratifié par la Diète le 23 mars 1679.

Sur la question de la Lorraine, Louis XIV et Léopold avaient fini par s'entendre. Le roi la rendrait à Charles V, lui céderait Toul en échange de Nancy, mais garderait Longwy et quatre routes militaires vers Metz, l'Alsace, Saint-Dié et Vesoul. Charles V n'accepta pas ces conditions et resta duc sans territoire.

3° De 1678 à 1697, jusqu'au traité de Ryswyck. — L'électeur de Brandebourg n'avait pas été compris dans le traité de Nimègue. Louis XIV l'en avait nominalement exclu, se réservant le droit de soutenir contre lui notre allié, le roi de Suède. Le libre passage était accordé à nos troupes à travers l'Allemagne du Nord, avec la faculté d'occuper jusqu'à la paix quelques villes de la rive gauche du Rhin, notamment Aix-la-Chapelle. Louvois voulait qu'on allât vite et loin, jusqu'à Magdebourg, jusqu'à Berlin, s'il le fallait. Mais, dès que Créqui parut sur le Weser, Frédéric-Guillaume demanda grâce. « Je pourrais, écrivait-il à Louis XIV, être accablé d'un roi qui a porté seul le fardeau de la guerre contre les plus grandes puissances de l'Europe. Mais

Votre Majesté trouvera-t-elle son avantage dans la ruine d'un prince qui a un désir extrême de la servir? » Comme gage de « son affection sincère et zélée », il offrait de céder à la France son duché de Clèves, et, ce qui était infiniment plus grave, dans le traité secret signé à Saint-Germain par son ministre Meinders, le 28 octobre, ratifié à Potsdam le 1er décembre 1679 (1), il reconnaissait « la personne de Sa Majesté Très Chrétienne comme plus capable que toute autre, par ses grandes et héroïques vertus et par sa puissance, de rétablir l'Empire dans son ancienne splendeur, de le maintenir dans toute sa dignité », et promettait de s'employer, si l'empereur venait à mourir, pour faire réussir l'élection en faveur du roi, du dauphin, ou, à leur défaut, d'un candidat agréable à la France. En retour de cet engagement, le roi voulait bien donner à Frédéric-Guillaume « une marque particulière de son amitié », en lui faisant payer chaque année, pendant dix ans, la somme de 100.000 livres tournois. D'autres traités ou plutôt d'autres marchés du même genre avaient été conclus à diverses époques avec la Saxe, la Bavière, le Palatin, les électeurs ecclésiastiques. Depuis 1657, sept électeurs sur huit (2) avaient vendu leur influence et leurs suffrages à Louis XIV, avec la ferme intention de ne jamais voter pour lui. Les historiens allemands nous l'affirment, la correspondance de nos diplomates le prouve et nous montre le roi très exacte-

(1) Ces deux pièces, rédigées en français, traité secret et ratification, sont conservées dans les Archives des Affaires étrangères.
(2) Le huitième était l'empereur Léopold, en qualité de roi de Bohême. Il n'avait rien à nous vendre, mais il n'en demandait pas moins des subsides, que Louis XIV ne voulut jamais lui donner.

ment informé de tout ce qui se disait, de tout ce qui se tramait contre lui dans les petites cours d'Allemagne. Si Louis XIV, après Nimègue, put croire un instant au succès de sa candidature impériale, il reconnut très vite qu'il s'était trompé, et eut le bon sens de ne pas s'obstiner dans son erreur. Sans renoncer à ses alliances particulières, sans rompre ses relations officielles avec le Corps germanique, qu'il était pourtant résolu à ne plus ménager, il chargea ses ministres, Louvois et Colbert de Croissy, de rechercher tout ce qu'il y avait à faire pour étendre sa domination, autant qu'elle devait l'être, suivant le véritable sens du traité de Munster. Le plan qu'ils proposèrent au roi fut agréé par lui, et les « Réunions » commencèrent (1679).

L'émotion fut vive en Allemagne. Le bruit courut à la Diète de Ratisbonne que Louis XIV « voulait renouveler l'ancien royaume d'Austrasie », en incorporant à la France tous les pays de la rive gauche du Rhin (1). Il eut certainement cette ambition, qui nous paraît très légitime; il la poussa plus loin qu'aucun de ses prédécesseurs, mais il fut moins pressé et plus habile que les Allemands ne s'y attendaient. Sa politique dans l'affaire des réunions ne doit pas être jugée à la légère. Trop hautaine dans ses allures, impérieuse, quelquefois brutale, il faut pourtant reconnaître qu'elle ne réclame rien qui dépasse les droits de la France. L'Empire, par le traité de Munster, l'Espagne, par les traités des Pyrénées, d'Aix-la-Chapelle et de Nimègue, ont cédé à la France telles villes ou tels territoires, *una cum suis de-*

(1) Lettre de l'ambassadeur français, Verjus de Crécy, du 31 octobre 1679.

— 137 —

pendentiis, avec leurs appartenances, dépendances et annexes, de quelques noms qu'elles soient appelées. La France prétend, avec raison neuf fois sur dix, que toutes ces dépendances ne lui ont pas été livrées, spécifie celles qu'elle revendique et produit les titres qui justifient ses allégations, anciens traités, chartes royales ou épiscopales, hommages féodaux, documents officiels de toutes les époques. Deux dataient du XIII° siècle et un du règne de Dagobert.

Jusqu'ici rien d'insolite, rien qui s'écarte des procédés habituels de la diplomatie. Aucun principe de droit international ne décide que le seul texte d'un traité réglera tout le détail d'une négociation. Il a toujours été admis qu'un des contractants puisse alléguer, après coup, avoir été lésé dans l'interprétation de certains articles et rouvrir le débat sur ce point particulier (1). La grande innovation, c'est le tour imprévu que Louis XIV donne à la controverse en la faisant trancher par ses propres tribunaux. Une chambre spéciale de treize conseillers du parlement de Metz, le conseil supérieur de Brisach et le parlement de Besançon sont chargés d'examiner les traités, d'ouvrir une enquête sur chacune des questions litigieuses et de juger les procès que le roi intente au duc de Lorraine, à l'électeur Palatin, à l'évêque de Spire, à l'archevêque de Trèves et à d'autres princes de l'Empire pour obtenir contre eux des arrêts qui consacrent ses droits. Les défendeurs qui refusent de comparaître ou de se faire représenter sont

---

(1) A quelque date que ce soit, tant que le traité reste en vigueur. Cette règle est encore reconnue de nos jours. Elle a été souvent appliquée dans les négociations relatives à la question d'Orient.

condamnés par défaut. Aucune protestation n'est admise, aucun délai n'est accordé. Dès qu'un arrêt de réunion a été rendu, Louvois se charge d'en assurer l'exécution.

De 1679 à 1681, les Chambres de réunion adjugèrent à la France Bitche et Hombourg, Fauquemont, Pont-à-Mousson, quatre-vingts fiefs de la Lorraine, que le procureur général de Metz, Ravaux, conseillait d'annexer tout entière; plus près du Rhin, Wissembourg et Lauterbourg, Seltz, Landau, Germersheim, le duché de Deux-Ponts, et, sur la Sarre et la Moselle, Sarrebruck et Trarbach, auxquels Vauban ajouta Sarrelouis et Mont-Royal. Ces deux forteresses et la citadelle de Landau mettent le Palatin et les électeurs de Mayence, Trèves et Cologne « dans une telle dépendance que cette frontière-ci sera meilleure et plus facile à défendre que celle de Flandre ».

La plus importante et la plus célèbre des réunions fut celle de Strasbourg, qui excita « beaucoup de bruit et de murmure dans le monde et particulièrement en Allemagne », bien qu'elle fût une des mieux fondées en droit, qu'elle n'ait rencontré aucune résistance ni soulevé aucune protestation sérieuse de la part des habitants. On a pu dire que Strasbourg était un fruit mûr que la France n'avait qu'à cueillir. Encore fallait-il préparer la cueillette et la faire au moment voulu. La préparation dura deux ans.

Au cours d'un voyage en Alsace en septembre 1679, Louvois reçut à Schelestadt les députés de Strasbourg et leur fit bon accueil, sans s'expliquer clairement sur les intentions du roi à l'égard de leur république : il voulait bien oublier les fâcheux incidents qui s'étaient produits pendant la dernière guerre, mais il prendrait sans doute quelques dispositions pour en éviter le retour. En attendant, un administrateur énergique, Montclar, était nommé grand bailli d'Alsace et averti par Louvois que dans le serment prêté au roi il ne devait pas être parlé d'immédiateté ni d'Empire, ni être fait mention de l'empereur. Léopold protesta, menaça, proposa à la Diète d'armer contre la France (1ᵉʳ mars 1680). Pendant qu'on discutait à Ratisbonne, un arrêt du conseil de Brisach proclama la souveraineté absolue et exclusive du roi aussi bien dans la Basse que dans la Haute Alsace (22 mars 1680). Donc Strasbourg, considéré de tout temps comme la capitale de la Basse-Alsace, était réuni à la France par cet arrêt, qui reproduisait purement et simplement les termes de l'acte de cession de l'Alsace annexé au traité de Munster.

De quelle manière et par quels moyens l'arrêt de Brisach fut-il exécuté? Comment les Français entrèrent-ils dans Strasbourg et comment y furent-ils reçus? Quelle fut l'attitude de l'Empire en présence du fait accompli? Chacune de ces questions appelle une réponse précise, qu'on chercherait en vain dans nos manuels d'histoire. La plupart sont trop timides, les meilleurs n'en disent pas assez.

Strasbourg passait, à tort ou à raison, pour la plus forte des places du Rhin (1). Pas plus en France qu'en Allemagne, personne ne supposait que Louis XIV pût

(1) Vauban trouvait ses fortifications « très belles, pour avoir été construites par des bourgeois ». En 1678, Créqui aurait certainetainement pris Strasbourg, si Louis XIV et Louvois ne l'en avaient pas empêché.

s'en rendre maître autrement que par un siège en règle, personne, excepté Louvois, qui avait des intelligences dans la ville et était exactement renseigné sur les dispositions des habitants. Les partisans déclarés de l'Empire, peu nombreux, mais très bruyants, voulaient organiser la résistance, reprochaient à la bourgeoisie sa tiédeur et, en la menaçant d'une révolution populaire, l'effrayaient, sans la convaincre. Plus adroits dans leur propagande, les agents et les amis de la France insistaient moins sur la puissance que sur les intentions bienveillantes et la générosité de Louis XIV. Tandis que l'évêque, François de Furstenberg, nous servait de toute son influence auprès des catholiques, d'autres rassuraient les luthériens, en leur montrant l'Alsace, où leurs coreligionnaires jouissaient d'une parfaite liberté sous la domination française. Le secrétaire d'Etat Günzer et le jurisconsulte Obrecht se chargeaient d'expliquer à leurs concitoyens qu'en acceptant de bonne grâce la réunion, ils obtiendraient sans difficulté la conservation de leurs privilèges et de leur autonomie municipale. Cette solution pacifique était admise et fut bientôt désirée par tous les gens sensés et pratiques, qui se rallièrent en grand nombre au parti français. Les magistrats, moins résolus que leurs administrés, n'osaient pas se prononcer franchement dans un sens ou dans l'autre, cherchaient à gagner du temps, accordaient à la France le licenciement de leurs mercenaires suisses, mais faisaient bon accueil à un envoyé de l'empereur, le baron de Mercy, dont la mission semblait être de préparer les voies à une occupation autrichienne. Rien de plus maladroit que cette intrigue, au moment où Louis XIV, décidé à en finir, réunissait dans la Haute Alsace une armée de 35.000 hommes, avec 80 canons et des approvisionnements de toute espèce, pour marcher sur Strasbourg et s'en emparer. Louvois avait tout préparé dans le plus grand secret pour hâter et simplifier l'opération. Le 10 septembre 1681, il adressa ses dernières instructions à l'intendant d'Alsace, La Grange, à Montclar et au baron d'Asfeld, commandant des troupes. Dans la nuit du 27 au 28, Asfeld, avec trois régiments de dragons, surprit, aux portes de la ville, une redoute, où il ne trouva que douze hommes, et occupa le pont du Rhin. Les magistrats, très effrayés, demandèrent des explications au résident français Frischmann, qui ne savait rien, et au baron d'Asfeld, qui les renvoya à Montclar. Celui-ci leur signifia l'arrêt du conseil de Brisach, visant l'Alsace, « dont Strasbourg était membre ». La ville devait ouvrir ses portes. Louvois arriverait le lendemain et le roi dans six jours. Le résident autrichien protesta violemment contre cet ultimatum. Quelques centaines d'émeutiers, soudoyés par lui, forcèrent le conseil à leur livrer des canons qu'ils traînèrent sur les remparts. Comme ils n'avaient pas de munitions et que personne ne se joignait à eux, ils se dispersèrent d'eux-mêmes. Aucune autre émotion ne se manifesta dans la ville, où tout le monde attendait avec impatience, mais sans la moindre inquiétude, l'issue des pourparlers engagés au quartier général d'Illkirch (1). Les magistrats se déclarant prêts à recon-

---

(1) Le résident Frischmann écrit qu'il n'avait « jamais remarqué une aussi grande tranquillité ». Il ajoute qu'on faisait des prières publiques dans les églises pour le succès de la négociation, c'est-à-dire pour la réunion immédiate de Strasbourg à la France.

naître la souveraineté du roi, Louvois leur permit de rédiger eux-mêmes les articles de la capitulation et leur accorda, sur leur demande, un délai de quelques heures pour la faire ratifier par le consentement de toute la bourgeoisie.

La ville de Strasbourg obtenait : la garantie de ses institutions municipales; le maintien de sa juridiction civile et criminel, sauf appel, dans certains cas, devant le conseil de Brisach; l'exemption de toutes contributions et autres paiements, « Sa Majesté laissant à la ville tous les impôts ordinaires et extraordinaires pour sa conservation »; la liberté du culte public et l'égalité des droits pour les catholiques, les luthériens et les calvinistes. La cathédrale était restituée aux catholiques, qui l'avaient perdue depuis cent ans; les protestants conservaient toutes leurs autres églises, avec les biens et revenus qui leur appartenaient (1).

Le jour même où la capitulation fut signée, le 30 septembre 1681, à quatre heures de l'après-midi, six bataillons français et un régiment de cuirassiers firent leur entrée dans Strasbourg, en même temps que Louvois, et défilèrent dans les rues encombrées de curieux, qui semblaient trouver la chose toute naturelle. « Tout est tranquille ici, écrivait le ministre de Louis XIV, comme si les troupes y fussent depuis dix ans. » Le 4 octobre, Montclar reçoit le serment des bourgeois et constate que « le peuple paraît fort content ». Il n'y a

---

(1) Les conditions religieuses de la capitulation de Strasbourg ont été respectées par Louis XIV, même après la révocation de l'Edit de Nantes, qui, d'après ses instructions, ne devait pas être appliquée dans la province d'Alsace (Lettre de Louvois à l'Intendant La Grange, du 18 octobre 1685).

eu qu'une plainte, d'une femme dont le mari s'est enivré avec le soldat logé chez lui, et « qui assure qu'il continuera, tant qu'il y aura du vin ». Personne ne parlait plus d'Empire ni d'empereur. La grande préoccupation, c'était l'arrivée prochaine du roi, dont Montclar et Lagrange avaient habilement réglé le cérémonial. Louis XIV entra à Strasbourg, le 23 octobre, non comme un vainqueur qui vient prendre possession de sa conquête, mais comme un souverain légitime qui visite une des bonnes villes de son royaume. La reine et les princesses l'accompagnaient, et il n'avait pas d'autre escorte que sa maison militaire. Les nouveaux remparts et la citadelle, dont les travaux furent aussitôt commencés, n'étaient une menace que pour nos ennemis du dehors. « La porte de l'Alsace est présentement fermée », écrivait Louvois. Deux médailles frappées par ordre du roi précisaient encore mieux la portée de ce grand événement. On lisait sur l'une, après l'arrêt de Brisach : l'Alsace réduite en province française, *Alsatia in provinciam redacta;* sur l'autre, après l'occupation de Strasbourg : l'entrée de la France interdite aux Allemands, *Clausa Germanis Gallia.*

L'impression fut profonde en Europe; il y eut des mécontents et des jaloux, des protestations et même un premier essai de coalition entre l'empereur, la Hollande et la Suède. Mais nous ne trouvons nulle part en Allemagne cette explosion de colères patriotiques et ces manifestations antifrançaises racontées avec tant de complaisance par la *Gazette d'Amsterdam* et démenties, avec preuves à l'appui, par les rapports de nos ambassadeurs. A Berlin, le comte de Rébenac s'est fort diverti, en lisant dans la *Gazette* que les vitres de son hôtel ont été brisées et que le peuple l'a poursuivi à coups de pierres. En fait de pierres, écrit-il, j'ai dû accepter « une fort belle épée de diamants, que M. l'Electeur me force de recevoir, trois jours après qu'il sait Strasbourg pris ». Et M. l'Electeur jugea le moment opportun pour conclure un nouveau traité secret avec le roi. Les choses ne se passèrent pas autrement à Dresde et à Munich. L'occupation de Strasbourg ne retarda même pas l'ouverture du congrès de Francfort, dont Louis XIV avait pris l'initiative après les premières réunions. Les quatre électeurs du Rhin auraient accepté les conditions de la France, si l'empereur ne les en avait pas empêchés. Le congrès fut rompu, en décembre 1682, non par les Allemands, mais par le roi, qui cependant voulait la paix. A défaut d'un traité définitif, il conclut avec l'Empire et en même temps avec l'Espagne la célèbre trêve de Ratisbonne, qui est, « mieux encore que la paix de Nimègue, le point vraiment culminant de ce grand règne » (1) (15 août 1684).

Pendant cet *armistice* qui était conclu pour vingt ans, la France conservait la libre et tranquille possession de Strasbourg, avec le pont du Rhin et le fort de Kehl, sur la rive droite, et de toutes les villes et localités réunies avant le 1ᵉʳ août 1681 en vertu des arrêts des tribunaux de Metz, Brisach et Besançon. L'Espagne nous abandonnait, dans les mêmes conditions, la très forte place du Luxembourg, que Créqui et Vauban venaient de lui enlever.

C'étaient là des concessions provisoires, mais à long

(1) Legrelle, Louis XIV et Strasbourg.

terme, que Louis XIV espérait transformer assez facilement en concessions définitives. « Il comptait sur le temps pour apaiser les haines », — sur le temps et sur la paix dont il parlait sans cesse, même à Vienne, et que ses ennemis seuls avaient intérêt à troubler.

S'il voulait réellement la paix, pourquoi violait-il dès 1685 les engagements pris à Ratisbonne, en réclamant pour sa belle-sœur, la duchesse d'Orléans, une partie de la succession de son frère l'électeur Palatin, le duché de Simmern et le comté de Sponheim, entre le Rhin, la Sarre et la Moselle? Pourquoi prétendait-il imposer à l'Empire comme archevêque de Cologne le cardinal Guillaume de Furstenberg, évêque de Strasbourg, agent docile de la politique française, et, à ce titre, détesté des Allemands? L'objection est spécieuse, et nos historiens s'y sont trop souvent laissé prendre. Il est pourtant facile d'y répondre : Louis XIV, qui voulait la paix, a mal observé la trêve, parce que les Allemands ne l'observaient pas du tout. Non seulement l'empereur refusait d'engager des négociations en vue d'un traité définitif, mais il travaillait, avec plus de hâte et moins de discrétion que Guillaume d'Orange, à former une coalition et à y faire entrer tous les princes de l'Empire. Nos alliés, sollicités par lui, nous trahirent l'un après l'autre, même l'électeur de Brandebourg, à qui la révocation de l'édit de Nantes servit de prétexte pour colorer sa défection (1). Une violente campagne de la presse

(1) On prétend que son indignation fut sincère et qu'il ne put supporter l'idée des mauvais traitements infligés à ses coreligionnaires français. S'il en est ainsi, il faut reconnaître que sa conscience fut lente à s'émouvoir, car en février 1684, pendant la plus triste période des dragonnades, il s'était encore engagé à soutenir

officieuse était organisée contre la France ; les gazetiers et les libellistes dénonçaient le roi comme l'unique auteur des maux de l'Allemagne et n'épargnaient rien pour « susciter contre lui la haine des nations étrangères ». Peut-on reprocher à Louis XIV de s'être préoccupé « des mouvements qui se faisaient chez les princes et Etats voisins de son royaume » ? Devait-il, par amour de la paix, laisser ses frontières sans défense et sacrifier sans compensation nos intérêts légitimes sur la rive gauche du Rhin ?

Lorsque, en 1686, Léopold conclut avec l'électeur de Bavière, le Palatin, les princes de Saxe, les cercles de Franconie et du Haut-Rhin, les rois de Suède et d'Espagne, la grande ligue d'Augsbourg pour le maintien des traités et « la conservation de l'Allemagne », lorsqu'il décida avec ses alliés la réunion d'une armée de 60.000 hommes, la guerre n'éclata pas encore, parce que nos ennemis n'osaient pas et que le roi ne voulait pas la commencer.

Le 1ᵉʳ janvier 1687, il proposa formellement à la diète de Ratisbonne de convertir dans un délai de trois mois la trêve de vingt ans en paix définitive. Le refus de la diète, l'obstination de Léopold à vouloir régler seul la succession palatine, enfin, en juillet 1688, l'échec de Furstenberg dans l'élection de Cologne, où le candidat de l'empereur, Clément de Bavière, l'emporta, grâce à l'appui du pape, forcèrent Louis XIV à reconnaître qu'il n'obtiendrait rien des Allemands par la voie des négociations. Louvois était du même avis : « Bien du canon,

---

toutes les revendications françaises — moyennant 100.000 francs par an en temps de paix et 200.000 francs en cas de guerre.

écrivait-il, et des places chez eux, les réduiront mieux que toute autre chose. » Puisqu'ils nous obligeaient à leur faire la guerre, il fallait en profiter pour donner à notre frontière « la dernière perfection » du côté de leur pays.

Dans son manifeste du 25 septembre 1688, le roi déclare que ses troupes sont entrées dans l'électorat de Cologne pour défendre les droits du cardinal de Furstenberg; elles en sortiront, si le pape et l'empereur le reconnaissent comme archevêque légitime. Il occupera Kaiserslautern jusqu'à ce que l'électeur Palatin consente à racheter les droits de la duchesse d'Orléans. La sûreté de son royaume l'oblige à prendre et à démanteler Philipsbourg, mais il restituera aussitôt cette ville ainsi que Fribourg, si l'Empire accepte avant le 1ᵉʳ janvier 1689 un traité définitif aux conditions de la trêve de Ratisbonne. — Ce que Louis XIV ne disait pas, c'est que pour forcer la diète à se prononcer et barrer la route aux armées de l'empereur, il avait résolu de « border le Rhin » dans tout son cours, en occupant sur la rive gauche les électorats ecclésiastiques et le Palatinat tout entier. Toutes les dispositions étaient prises pour finir la guerre d'Allemagne avant l'hiver. En six semaines, le Dauphin et Vauban prirent Philipsbourg, Heidelberg, Mannheim et Frankenthal; Boufflers bombarda Coblence, que l'électeur de Trèves refusait de nous livrer; Spire, Worms, Mayence, Bingen et toutes les autres villes du Rhin jusqu'à Bonn ouvrirent leurs portes et reçurent des garnisons françaises (1). « Voilà

(1) Il n'était pas question pour le moment de réunions nouvelles. Cependant le roi fit transporter de Spire à Strasbourg les archives

de bons quartiers d'hiver, écrivait Mme de Sévigné; voilà de quoi attendre en repos les résolutions de l'empereur et du prince d'Orange. » Malheureusement ces résolutions étaient déjà prises : il était trop tard pour les rompre et amener de gré ou de force les Allemands à conclure une paix séparée. Pendant que Louis XIV et Louvois s'obstinaient à poursuivre au delà de la Forêt-Noire, en Souabe, en Wurtemberg et jusque sur le haut Danube une campagne d'agressions maladroites et de conquêtes inutiles, l'empereur profitait de l'émotion causée en Europe, pour compléter et transformer la ligue d'Augsbourg, qui devint la grande alliance de Vienne, et décider la diète à rompre officiellement avec la France (24 janvier 1689). Ce fut le commencement de la deuxième coalition.

Par surcroît, l'Angleterre, qui venait de chasser les Stuarts, se joignait à nos ennemis et commençait contre la France cette longue série de guerres qu'on a pu appeler une seconde guerre de cent ans.

Entouré d'ennemis qui l'obligeaient à diviser ses forces, Louis XIV adopta pour la guerre d'Allemagne le plan défensif arrêté par Louvois : ramasser nos troupes vers le Rhin, d'où elles n'auraient jamais dû s'éloigner; bien garnir et pourvoir de tous les approvisionnements nécessaires les places de Belfort, Huningue, Philipsbourg, Landau, Mont-Royal, qui couvraient l'Alsace, la Lorraine et le Luxembourg; « démolir », avant de les abandonner, toutes celles que nous ne pouvions ou ne voulions pas conserver. — Démolir ou raser une

de la Chambre impériale, où nous pouvions trouver des titres et des documents utiles en vue du futur traité de paix.

place, au sens militaire du mot, c'est en détruire les fortifications et clôtures, « en sorte qu'elle demeure ouverte, bourg ou village », et que l'ennemi ne puisse l'utiliser. Un de nos généraux, Chamlay, trouva que ce n'était pas assez. Il conseilla à Louvois, qui eut le malheur de l'écouter, de raser les villes entières en même temps que les citadelles et de ravager à grande distance le pays environnant. On doublerait ainsi notre ligne de défense, on arrêterait les envahisseurs, en leur opposant un désert, et l'on punirait, en les ruinant, nos anciens alliés, les princes du Rhin, qui s'étaient unis à l'empereur contre la France. Le roi se contenta de ces mauvaises raisons et laissa carte blanche à son ministre. « Il vint à l'armée, dit Voltaire, un ordre de Louis, signé Louvois, de tout réduire en cendre », — d'abord Heidelberg et Mannheim, puis Oppenheim, Worms, Spire, Bingen et plus de deux cents villes ou villages dans le Palatinat, le margraviat de Bade, le duché de Deux-Ponts et les électorats ecclésiastiques. La dévastation fut complète, systématique et si cruelle que nos officiers en furent effrayés et honteux et qu'à Versailles même les courtisans n'en parlaient qu'avec horreur (1). On raconte que Louis XIV regretta trop tard d'avoir donné ces ordres impitoyables et ne pardonna pas à son ministre de les avoir trop bien exécutés. Cependant les destructions continuèrent : Hei-

(1) Duras représentait à Louvois qu'il allait « attirer au roi l'indignation et l'aversion publique ». Tessé fut blâmé pour s'être montré trop sensible, — il avouait qu'à Heidelberg le cœur lui avait manqué. Il y eut des protestations jusque dans l'entourage du roi. — Voir les lettres de Mme de Maintenon, les Mémoires de Saint-Simon et surtout ceux de Villars, moins passionné et plus digne de foi.

delberg fut « rebrûlé » en 1693, deux ans après la mort de Louvois. Chamlay lui-même trouva qu'on allait trop loin.

Il n'y a pas deux manières de juger l'incendie du Palatinat, que tous les bons Français déplorent et que nos historiens sont unanimes à condamner. Ce fut un acte de barbarie sans excuse, mais non sans précédents. On en avait vu de pareils dans la guerre de Trente Ans, et ce n'était pas nous qui les avions commis. Les Allemands s'étaient déjà révélés comme d'incomparables destructeurs (1). Louvois, qu'ils traitaient de cannibale, ne les a pas égalés.

La ruine des pays du Rhin n'empêcha pas les généraux de l'empereur de nous prendre Mayence et Bonn, sans d'ailleurs pousser plus loin leur offensive. Les Français ne furent pas plus entreprenants sur la rive droite, où le Dauphin et le maréchal de Lorge se bornèrent à réoccuper le Palatinat. Malgré les victoires de Luxembourg en Flandre, Louis XIV, craignant de voir s'ouvrir la succession d'Espagne, était décidé à faire la paix. Il la demanda quand il aurait pu l'imposer et négocia « comme s'il eût été vaincu ».

De 1693 à 1696, il offrit de rendre à l'Empire Philipsbourg et Fribourg, Trarbach et Mont-Royal, Brisach et enfin Strasbourg, moyennant certaines conditions, que Léopold n'accepta pas dans le délai fixé. Ses alliés eux-mêmes s'impatientèrent et signèrent sans lui à Rys-

(1) Quand l'armée de Tilly saccagea Magdebourg, elle ne laissa debout que 139 maisons. Dans le seul duché de Wurtemberg, les Impériaux et les Bavarois brûlèrent 8 villes, 45 villages, 65 églises ; de 1634 à 1641, la population tomba de 345.000 à 48.000 habitants.

wyck un traité qu'il fut obligé de ratifier (31 octobre 1697).

La France conservait en toute souveraineté Strasbourg et ses dépendances sur la rive gauche du Rhin. La cession consentie par l'empereur et le corps germanique était explicite, formelle, définitive. Aux termes de l'article 16, la ville libre de Strasbourg était « rayée de la matricule de l'Empire ». — *Urbem Argentinensem ab Imperii matricula expungi placet.*

Louis XIV, par contre, restituait à l'Empire toutes les autres villes et tous les territoires occupés ou réunis depuis le traité de Nimègue, même Brisach que nous possédions depuis le traité de Munster. Les forts construits par nous sur la rive droite et dans les îles du Rhin devaient être rasés à nos frais. Il n'est question que de rendre ou de démolir. On croirait lire les articles d'une capitulation.

La plus fâcheuse et la moins explicable des restitutions était celle de la Lorraine, dont le duc Léopold était « rétabli dans la libre et plénière possession de ses Etats », tels qu'ils appartenaient en 1670 à son grand-oncle Charles IV, y compris le duché de Bar. La France ne gardait que Longwy, Sarrelouis et le libre passage pour ses troupes.

Le traité de Ryswyck fut aussi mal accueilli que possible par l'opinion publique. Les panégyristes officiels eurent beau vanter la modération et la générosité du roi, Mme de Maintenon avouait « qu'il y avait une espèce de honte à restituer ce qui avait coûté tant d'efforts et de sang ». Les négociateurs de la paix, Harlay, Crécy et Caillières, « n'osaient se montrer ni à la cour ni à la ville ». Vauban, exaspéré, écrivait à Racine qu'il tenait cette paix « pour plus infâme que celle de Cateau-Cambrésis, qui déshonora Henri second, et qui a toujours passé pour la plus honteuse qui ait jamais été faite » (1). Le traité de Ryswyck, si mauvais qu'il fût, ne méritait pas cette injurieuse comparaison. C'était une grave erreur, une fausse manœuvre, contraire à nos intérêts et à la tradition nationale, puisqu'elle nous éloignait du Rhin. Mais, dans la pensée du roi, ce recul, plus apparent que réel, n'était pas définitif. D'autres événements, graves et prochains, étaient attendus. On sentait que la paix n'était qu'une trêve.

4° Jusqu'à la fin du règne, 1697-1715. — Le court intervalle qui sépare la paix de Ryswyck de la mort de Charles II d'Espagne, est rempli par les négociations engagées entre Louis XIV et ses anciens ennemis pour arriver à un partage équitable de la succession espagnole. Il signe à cet effet deux traités avec l'Angleterre et la Hollande, et négocie avec l'empereur pour les lui faire accepter. Nos envoyés visitent d'autre part les petites cours allemandes et proposent aux princes mécontents de l'Autriche de redevenir nos alliés.

Le duc de Lorraine, fils d'une archiduchesse et protégé de l'Autriche, s'était spontanément rapproché de la France par son mariage avec une nièce de Louis XIV, Elisabeth d'Orléans. Honnête et pacifique, il observait les traités, évitait tout conflit avec ses deux puissants voisins et gouvernait de son mieux un Etat qu'il n'était nullement sûr de conserver. En 1699, pendant la dis-

---

(1) Vauban recommandait à Racine de brûler sa lettre. Puisque Racine l'a conservée, c'est qu'il ne la désapprouvait pas.

cussion du second projet de partage espagnol, le ministre autrichien Kaunitz aurait voulu lui donner la Sardaigne et le titre de roi, en échange de la Lorraine ajoutée à la part du Dauphin. L'année suivante, le traité signé à Londres le 25 mars entre la France et les puissances maritimes stipule (article 4) que « les Etats de M. le duc de Lorraine, tels qu'ils ont été rendus par le traité de Ryswyck, seront cédés et transportés à Monseigneur le Dauphin à la place du duché de Milan qui sera cédé audit duc de Lorraine ». Par la convention de Nancy du 16 juin 1700, le duc Léopold consent à l'échange, mais l'empereur proteste, le duc de Savoie réclame. Louis XIV propose alors à Guillaume III un remaniement du traité de partage : le royaume de Naples au duc de Lorraine; le Milanais à Victor-Amédée, qui céderait au Dauphin la Savoie et Nice; à l'empereur, la Sicile, en échange du Luxembourg. Le traité de partage, ainsi modifié, eût amplement dédommagé la France des restitutions de Ryswyck. L'Angleterre et la Hollande, qui l'avaient signé, nous en garantissaient l'exécution. L'empereur, il est vrai, refusait son adhésion et protestait contre tout partage, mais il était seul contre trois; on peut croire qu'il aurait fini par céder. Si Louis XIV, à la mort du roi d'Espagne (1er novembre 1700) avait suivi sa première pensée, qui était de s'en tenir au traité de partage, on a pu soutenir qu'il aurait, très probablement, réuni à la France, sans guerre et avec le consentement de l'Europe, quatre provinces de l'ancienne Gaule (1). Il en fut autrement, Louis XIV

(1) Voir en ce sens la correspondance de Louis XIV et de son ministre des affaires étrangères, Torcy, avec nos ambassadeurs à Londres, La Haye, et Vienne, Tallard, Briord et Villars.

accepta le testament de Charles II, déchira les traités de partage, et occupa les Pays-Bas au nom de son petit-fils. La célèbre discussion, qui s'ouvrit à ce sujet dans le cabinet du roi, à Versailles, dure encore. La France pouvait-elle, même au prix de quelques agrandissements, consentir au maintien des Habsbourgs en Espagne, aux Pays-Bas et en Italie? Ou au contraire, la prudence ne conseillait-elle pas d'adopter la solution pacifique, et d'annexer sans coup férir ce que l'Europe nous cédait? Les événements ont prononcé. La France, qui avait triomphé de deux coalitions, faillit succomber sous l'effort de la troisième.

Si Louis XIV, au début des hostilités, avait suivi le conseil de Villars et jeté brusquement sur la rive droite du Rhin les 30.000 hommes de son armée d'Alsace, renforcée de 30.000 Bavarois ou Saxons, nos alliés (1), l'empereur se serait trouvé en très fâcheuse posture. Il n'était pas prêt; l'Angleterre et la Hollande ne l'étaient pas davantage, et, parmi les princes de l'Empire, l'électeur de Brandebourg, Frédéric I*, qu'il avait fait roi de Prusse, et le duc de Hanovre, promu par lui à la dignité électorale, étaient les seuls sur lesquels il pût compter. La diète, cependant, finit par se laisser convaincre et vota, le 30 septembre 1702, une déclaration de guerre, qui n'empêcha pas les Français d'occuper sans coup férir les électorats ecclésiastiques et tous les pays d'Empire, y compris la Lorraine, qui devait être rendue à son duc après la paix.

(1) L'électeur Maximilien de Bavière et son frère, Clément, archevêque de Cologne et évêque de Liège, l'évêque de Munster, les ducs de Brunswick-Wolfenbüttel et de Saxe-Gotha avaient signé avec

Une première offensive des Impériaux ne tourna pas à leur avantage. En 1702, ils s'emparèrent de Landau, que Tallard, vainqueur à Spire, leur reprit l'année suivante. Les Français attaquèrent à leur tour sur la rive droite. Brisach, assiégée par Vauban, se rendit au duc de Bourgogne. Villars battit Louis de Bade à Friedlingen, en face de Huningue, et enleva le fort de Kehl, tête de pont de Strasbourg. Le roi le nomma maréchal de France, adopta le projet, auquel il n'avait pas renoncé, de marcher sur Vienne et le pressa d'aller rejoindre les Bavarois. Que ce plan ait été ou non réalisable, Villars, rappelé après sa victoire d'Hochstett (septembre 1703), n'est pas responsable des fautes commises par ses successeurs, Tallard et Marsin, à qui les deux grands généraux de la coalition, Marlborough et le prince Eugène de Savoie, infligèrent, le 13 août 1704, sur le même champ de bataille, une épouvantable défaite. Toute la Bavière et quatre-vingts lieues de pays furent perdues en un jour. Les 20.000 hommes qui nous restaient rentrèrent en Alsace, suivis de près par les Impériaux, qui passèrent le Rhin à Philipsbourg et s'avancèrent jusqu'à la Moselle, en nous prenant Landau, Trarbach et Trèves, où Marlborough, maître de Bonn et de Coblence, établit son quartier général. L'Alsace et la Lorraine étaient en grand danger, surtout la Lorraine, que Marlborough se proposait d'envahir dans la campagne suivante, quand Louis de Bade lui aurait amené les contingents de l'Empire. Nos ennemis se croyaient si sûrs de vaincre qu'ils ne cachaient rien de leurs plans

la France, février-avril 1701, des traités qu'ils exécutèrent fidèlement.

et désignaient à l'avance les premières villes qu'ils occuperaient, Sarrelouis, Thionville et Metz. Les Français étaient avertis. Le roi prit ses dispositions en conséquence, réunit 50.000 hommes sur la Moselle et chargea Villars de les commander. L'armée ennemie était deux fois plus nombreuse, mais quand elle arriva à la frontière, elle trouva le maréchal si bien retranché dans son camp de Rettel, près de Sierck, que Marlborough n'osa pas l'attaquer. Après quinze jours de « présence » inutile, il délogea pendant la nuit et s'en alla chercher en Belgique des succès plus faciles (1). La Lorraine était sauvée (juin 1705).

En Alsace, les Impériaux tenaient les lignes de la Lauter. Villars les leur reprit, ne put les conserver, abandonna Haguenau et revint passer l'hiver à Strasbourg, où il prépara sa revanche. Sa belle campagne de 1706 chassa l'ennemi de la Basse-Alsace. Pour l'empêcher d'y rentrer, il exécuta l'année suivante ce prodigieux coup de main qui lui permit de détruire en trois jours, sur la rive droite du Rhin, sans combat et à peu près sans pertes, le camp retranché de Stollhoffen, qui s'étendait sur cinq lieues de front jusqu'à Rastadt. Il trouva une centaine de canons, des munitions et des approvisionnements considérables, qu'il fit transporter au Fort-Louis (22 mai 1707). Les Allemands, complètement démoralisés, ne tentèrent pas de réagir. Un rapport demandé par la diète fut « si affligeant » qu'on n'osa pas le lui communiquer. Pendant qu'elle « se fatiguait » à ramasser de l'argent et à lever des trou-

---

(1) « Ces gens-là, écrit Villars, ont voulu nous avaler comme un grain de sel; ils ont fini par nous croire de trop dure digestion. »

pes que le prince Eugène refusa de commander, les Français passèrent le Rhin aussi souvent qu'ils le voulurent, occupèrent ou mirent à contribution Heidelberg, Mannheim, Mayence, Stuttgard, Donauwerth. Une seule fois, en 1709, 7 ou 8.000 Allemands reparurent dans la Haute-Alsace (1). Ils furent aussitôt battus à Rumersheim et chassés du pays.

Nous n'avons pas à raconter les longues et pénibles négociations dont Louis XIV prit l'initiative, que l'empereur et l'Empire firent échouer trois fois, à Bodegrave et à La Haye, en 1709, à Gertruydenberg, en 1710, qu'ils entravèrent de tout leur pouvoir à Londres et à Utrecht, avant de déclarer brutalement à la France, en 1713, qu'ils ne voulaient pas traiter.

Le roi désirait sincèrement la paix; il avouait qu'il en avait grand besoin, qu'il avait hâte de la conclure et qu'il ferait sans hésiter les sacrifices nécessaires pour assurer le repos de ses peuples et la tranquillité de l'Europe. Aux Allemands, qui nous avaient attaqués sans raison et n'avaient rien pu nous prendre (2), il offrit de rétablir le traité de Ryswyck, c'est-à-dire le *statu quo*. Cette proposition, fort raisonnable, fut écartée sans discussion. Les envoyés de l'empereur déclarèrent qu'avant tout la France devait rendre Strasbourg et « rétablir toutes choses sur le pied du traité de Munster, principalement au sujet de la possession de l'Alsace et de la Barrière du Rhin ». Le roi consentit au rétablissement des juridictions impériales en Alsace,

---

(1) Ils y entrèrent par surprise, en violant la neutralité du canton suisse de Bâle.
(2) Sauf Landau; nous leur avions pris Brisach, qui valait mieux. Le roi consentit à l'échange.

proposa à la place de Strasbourg des équivalents qui ne furent pas acceptés, protesta, sans rompre, contre de nouvelles exigences, discuta tant qu'on voulut et finalement ne céda rien. Pas une de nos places ne fut livrée, pas un régiment ne fut rappelé des bords du Rhin. En 1711, quelques mouvements de troupes en Alsace causèrent une panique à Francfort, où le corps germanique était assemblé pour l'élection de Charles VI. Rassurés par le prince Eugène, qui leur promettait 100.000 Autrichiens, les représentants de l'Empire crurent frapper un grand coup en signifiant à la France, sous forme d'ultimatum, les conditions de la paix qu'ils prétendaient lui imposer : cession immédiate et sans réserves de Strasbourg et de l'Alsace, de la Lorraine, y compris le duché de Bar, de Metz, de Toul et de Verdun, afin « de mettre pour toujours l'Allemagne à l'abri des agressions françaises ». C'était le retour pur et simple au traité de 843.

Les alliés de l'Empire ne s'associèrent pas à cette extravagante déclaration. L'Angleterre, qui voulait la paix générale, s'entendit avec Louis XIV, vainqueur à Denain, pour en dicter les conditions à la Hollande, à la Prusse, à la Savoie et au Portugal. L'empereur refusant d'y souscrire et s'obstinant à prolonger la guerre, le congrès régla sans lui le partage de la succession d'Espagne et signa, le 11 avril 1713, les sept traités d'Utrecht, qui ne stipulaient rien en faveur de l'Empire et laissaient toute liberté à Louis XIV pour mettre les Allemands à la raison.

« Le traité conclu à Ryswyck, en octobre 1697, sera rétabli, et le Rhin servira de barrière entre la France et d'Empire. » La France accorde six semaines à l'empereur pour accepter les vingt-huit articles de la paix qu'elle lui propose; après le 1ᵉʳ juin 1713, « Sa Majesté Très Chrétienne ne sera plus tenue à aucun engagement ». Tel fut l'ultimatum rédigé par Torcy, approuvé par l'Angleterre, qui se chargea de le transmettre, repoussé par la cour de Vienne. Villars, qui s'y attendait, avait réuni 130.000 hommes en Alsace. Le prince Eugène en avait à peine 60.000; la diète le désespérait par ses lenteurs, et l'argent surtout lui manquait. A la date fixée par le roi, les Français prirent l'offensive, occupèrent Spire, Worms, Kaiserslautern, Frankenthal, assiégèrent Landau, puis Fribourg, que les Impériaux n'osèrent secourir. Landau capitula le 21 août, Fribourg le 13 novembre (1). « L'impuissance de l'Autriche était démontrée. » Les cercles de l'Allemagne du sud supplièrent l'empereur de faire la paix ou de leur permettre de rester neutres. Quelques ouvertures faites au prince Eugène par l'intendant d'Alsace La Houssaye fournirent à Charles VI l'occasion qu'il attendait pour engager des négociations, sans paraître demander grâce. La paix entre Louis XIV et l'empereur fut signée à Rastadt, le 6 mars 1714, confirmée le 7 septembre, par le traité de Bade avec l'Empire. Sur tous les points essentiels, sur ceux du moins qui nous intéressent, la France obtenait satisfaction. Elle rendait à l'Empire Kehl, Brisach et Fribourg, mais conservait intactes, avec leurs fortifications, toutes ses places de la rive gauche du

---

(1) Parmi les corps français qui se distinguèrent dans cette campagne, on cite le *Régiment d'Alsace*, créé en 1635 par Richelieu, dont les officiers furent publiquement félicités par le roi.

Rhin, l'Alsace entière, Strasbourg, Landau et le Fort-Louis. Nos alliés, les électeurs de Bavière et de Cologne, étaient rétablis dans leurs Etats, charges et dignités.

Les traités de Rastadt et de Bade ne complètent pas seulement la pacification d'Utrecht. Ils réparent dans la mesure du possible la fâcheuse erreur de Ryswyck, relèvent le prestige de la France qui les dicte, aux dépens de l'Empire qui les subit, lui confirment pour la cinquième fois la possession de l'Alsace, pour la troisième fois celle de Strasbourg (1), et lui reconnaissent pratiquement le droit d'intervenir dans les querelles intérieures de l'Allemagne en qualité de garante des traités de Westphalie (2).

Ce résultat, dans les circonstances où il fut obtenu, était un incontestable succès, très grand et très beau, pour notre politique nationale. Louis XIV avait le droit d'en être fier. Les instructions qu'il dictait à Torcy et sa correspondance avec Villars nous le montrent dirigeant les négociations de Rastadt avec une sûreté de jugement et une clairvoyance patriotique, auxquelles ses historiens n'ont pas toujours rendu justice. Ceux qui lui reprochent d'avoir, à la fin de son règne, restreint le programme de nos revendications légitimes et consenti par une transaction définitive au partage de la rive gauche du Rhin, se trompent — nous en avons la preuve écrite — sur la signification du traité et sur les intentions du roi.

---

(1) Traité de Munster, Nimègue, Ratisbonne, Ryswyck, Rastadt et Bade pour l'Alsace; les quatre derniers pour Strasbourg.
(2) Louis XIV faisait de la restauration des princes bavarois une condition *sine qua non* de la paix. L'empereur et la diète durent s'incliner.

Ni transaction, ni partage, Louis XIV ne cède rien de ce qui nous appartient, et ne renonce à rien de ce qui devrait nous appartenir.

Le traité de Rastadt n'a en aucune façon le caractère d'un accord définitif. Avec l'empereur, « qui interprète suivant son génie les engagements que l'état de ses affaires l'oblige de prendre, la paix sera rompue le lendemain du jour qu'on la croira faite. » Quant à l'Empire, il continuera d'être pour nous le plus incommode et le plus dangereux des voisins.

Tant qu'il restera des princes et des Etats allemands sur la rive gauche du Rhin, nos provinces de l'Est ne seront pas en sûreté, « car le Rhin est la limite naturelle de la France ». C'est le dernier mot du règne de Louis XIV sur la question de nos frontières (1).

---

(1) La correspondance de Louis XIV et de Torcy avec Villars se trouve dans les documents conservés au Dépôt de la Guerre, carton 2.506, et du Ministère des Affaires étrangères, *Correspondance politique*, Vienne, tomes 93, 94 et 95.

CHAPITRE X

Louis XV et Louis XVI. — Réunion de la Lorraine.

Le duc de Lorraine, Léopold, était un prince éclairé et bienfaisant, aimé de ses sujets, estimé des cours étrangères. On lui savait gré de ne pas ressembler à ses prédécesseurs et de borner son ambition à vivre en paix avec ses deux puissants voisins. Sa double parenté avec les Habsbourg et les Bourbons (1) ne le mettait pas à l'abri de leurs exigences contradictoires. Trop faible pour leur résister, il se déclara neutre, « ami de tout le monde », trouva des admirateurs qui vantèrent son indépendance et gouverna trente ans son duché de Lorraine, de 1698 à 1729, sans dire franchement et une fois pour toutes s'il voulait être Français ou Allemand.

Tant que Louis XIV avait vécu, Léopold, rétabli par lui dans ses Etats, ne nous avait donné aucun sujet de plainte. Il avait subi sans protestation — par conséquent accepté — le protectorat français et même, de 1702 à 1714, l'occupation française. Le traité de Ras-

(1) Fils d'une archiduchesse et beau-frère de Charles VI, il était devenu par son mariage neveu de Louis XIV et beau-frère du Régent, Philippe d'Orléans.

tadt ne stipula rien au sujet de la Lorraine, dont les relations officielles avec la France ne furent pas modifiées par l'avènement d'un nouveau roi. Mais Louis XV était mineur, Léopold en profita. Par complaisance ou par faiblesse, le régent Philippe d'Orléans et plus encore le duc de Bourbon lui laissèrent prendre avec nous des libertés que Louis XIV n'eût jamais souffertes, éluder ses promesses de Ryswyck et finalement évoluer vers l'Autriche, qui l'entraîna peut-être plus loin qu'il n'aurait voulu. Pour le rassurer et ne pas donner l'éveil à la France, Charles VI affecta de traiter ce rapprochement comme une simple affaire de famille. Léopold avait deux fils; l'empereur, qui n'en avait pas, demanda et obtint, en 1723, que ces deux princes, François et Charles, dont l'aîné avait à peine quinze ans (1), lui fussent envoyés à Vienne, où il se chargea de leur éducation et les retint en les comblant de ses faveurs. Quand Léopold mourut à Lunéville, le 22 mars 1729, François ne se pressa pas de venir prendre possession de son héritage. Sur les instances de sa mère, qu'il avait nommée régente, il fit, au bout de huit mois, une courte apparition à Nancy, reçut le serment de ses sujets et repartit aussitôt pour Vienne, où l'attendaient de plus hautes destinées.

En 1725, au plus fort d'une crise qui faillit provoquer une guerre générale, le bruit courut prématurément que l'empereur avait décidé de marier ses deux filles aux deux princes de Lorraine. Ce fut seulement en 1732, après sept ans de négociations et de marchan-

(1) François de Lorraine était né à Nancy en 1708.

dages au sujet de sa trop fameuse Pragmatique (1), que Charles VI annonça à la cour de Vienne les fiançailles de François, duc de Lorraine, vice-roi de Hongrie, avec l'archiduchesse Marie-Thérèse, héritière unique de tous les Etats de la monarchie autrichienne. Après le mariage, les électeurs seraient convoqués, et François, présenté par son beau-père, serait sûrement élu roi des Romains.

Seule de toutes les puissances, la France n'avait pas voulu reconnaître la Pragmatique, même au prix du Luxembourg, que l'empereur offrait de nous abandonner. L'irritation contre l'Autriche grandissait à Versailles. Villars, en plein conseil, montrait la guerre inévitable, le secrétaire d'Etat Chauvelin la préparait en nous cherchant des alliés, et le premier ministre de Louis XV, le très prudent cardinal Fleury, n'hésitait pas à déclarer que François devrait choisir entre son duché et la couronne impériale. S'il prétendait, après son mariage, conserver la Lorraine, le roi ne le lui permettrait pas.

La question était bien posée. Il aurait fallu s'y tenir, exiger une réponse catégorique, et, si l'empereur tergiversait, saisir le Barrois, occuper la Lorraine et dicter nos conditions. L'Europe serait restée neutre, et si l'Autriche, qui n'était pas prête, nous avait attaqués sur le Rhin, elle aurait été battue (2).

(1) La publication de cette Pragmatique en 1713 avait été un véritable coup d'Etat. Elle changeait arbitrairement toutes les lois de succession anciennes ou récentes promulguées par ses prédécesseurs, et n'était pas moins contraire aux constitutions de l'Empire qu'au droit historique de l'Autriche.

(2) C'était l'avis du prince Eugène dans un curieux mémoire adressé à Charles VI en 1732. Quant à la neutralité généralement

Il fallait surtout agir vite. Fleury n'osa pas et il eut tort. La guerre qu'il redoutait éclata malgré lui en 1733 à propos de la succession de Pologne. Il en profita du moins pour revenir par une voie un peu détournée à la politique nationale.

Louis XV, dans son manifeste, ne parlait que des droits de son beau-père Stanislas Leczinski et de la liberté polonaise, mais c'est à l'Autriche, à elle seule qu'il déclarait la guerre. Pour l'atteindre en Allemagne, nos troupes devaient nécessairement traverser le territoire de l'Empire. Le roi s'en excusait, désavouait par avance toute pensée de conquête et promettait de traiter comme neutres les princes qui nous laisseraient passer.

Les vieux généraux de Louis XIV commandaient nos armées. Pendant que Villars, avec les Espagnols et les Piémontais, faisait en quelques semaines la conquête du Milanais, Berwick entra sans coup férir à Nancy, pria la duchesse régente, avec force compliments, de transporter sa cour à Commercy, occupa le reste de la Lorraine et l'électorat de Trèves, franchit le Rhin, enleva Kehl et les lignes d'Ettlingen, obligea le prince Eugène à reculer jusqu'au Neckar et mit le siège devant Philipsbourg, où il eut la tête emportée par un boulet de canon (1734). La ville fut prise par ses lieutenants, qui ne dépassèrent pourtant pas la Forêt-Noire. L'empereur, dont les affaires allaient encore plus mal en Italie, parla le premier de faire la paix. Fleury consentit à négocier sous la médiation de l'Angleterre.

bienveillante de l'Europe, les rapports de nos agents diplomatiques nous permettaient d'y compter.

Le ministre Walpole proposa la combinaison suivante : Stanislas, renonçant à la couronne de Pologne, recevrait comme dédommagement la souveraineté viagère de la Lorraine avec le titre d'électeur. François serait indemnisé en Italie. Fleury retint l'idée du double échange, écarta le reste des propositions anglaises et fit connaître directement à Vienne les conditions de Louis XV. La Lorraine, affranchie de toute dépendance envers l'Empire, devait être immédiatement remise à Stanislas; après sa mort, elle serait réunie à la France. Si l'empereur acceptait, le roi reconnaîtrait la Pragmatique.

Des négociations s'engagèrent. On tomba d'accord assez vite sur l'indemnité promise à François : il aurait la Toscane après la mort du grand-duc Jean Gaston de Médicis. Mais, quand on discuta la cession de la Lorraine, Charles VI multiplia les objections et les chicanes. Il consentait seulement à l'abandon immédiat du Barrois (1) et mit à la cession du reste tant de conditions qu'elles la rendaient problématique. Fleury s'en aperçut quand l'empereur, après avoir signé les préliminaires de Vienne (3 octobre 1735), inventa de nouveaux prétextes pour en ajourner l'exécution — jusqu'au mariage de François, jusqu'à son installation en Toscane, jusqu'à son élection à l'Empire. L'Autriche se moquait de la France, qui avait eu le tort de croire à sa parole et d'évacuer trop tôt Trèves, Trarbach et Philipsbourg. L'insolence et la mauvaise foi de la cour

---

(1) Nous avons déjà constaté que le duché de Bar n'avait jamais appartenu à l'Empire. Charles VI voulait bien céder à Stanislas un fief de la couronne de France.

de Vienne, trop longtemps supportées par Fleury, lassèrent à la fin la patience du vieux ministre et l'auraient obligé à recommencer la guerre, s'il n'avait pas découvert un moyen original pour dénouer cette crise dangereuse comme une comédie qui finit bien. Après le mariage de François et de Marie-Thérèse, célébré en grande pompe le 12 février 1736, Charles VI se trouva fort embarrassé. Pour doter les jeunes époux, meubler leurs résidences et leur recruter une cour, il fallait beaucoup d'argent. L'empereur n'en avait pas, son gendre pas davantage. Fleury leur offrit sous condition un subside qu'ils acceptèrent, et le 11 avril suivant François renonça définitivement à la Lorraine. Il y avait encore des formalités à remplir, des ratifications à échanger, mais le résultat essentiel était acquis. Nancy fut officiellement remis au représentant de Louis XV le 21 mars 1737, le « roi Stanislas » y fit son entrée le 9 août, et le traité signé à Vienne le 18 novembre 1738 consacra le fait accompli : protectorat effectif et consenti; annexion différée, mais ratifiée à l'avance; l'ancienne famille ducale indemnisée sans qu'il en coûtât rien à personne (1); tous les intérêts légitimes satisfaits, en commençant par le nôtre. Ce fut le plus beau moment du ministère de Fleury. Ceux qui lui reprochaient depuis trois ans de se laisser duper par la cour de Vienne s'extasièrent sur la profondeur de sa politique; ceux qui l'appelaient « Nestor » ou « Géronte », le comparèrent à Mazarin. — La Lorraine, disait-on,

---

(1) Si ce n'est aux Florentins, à qui François extorqua le plus d'argent possible, quand il alla en 1737 prendre possession du grand duché de Toscane.

valait bien l'Alsace, — ce qui ne prouvait pas du tout que Fleury valût Mazarin. Il y a pourtant un trait qui les rapproche : dans des circonstances très différentes, ces deux ministres ont suivi et servi, selon leurs moyens, la tradition nationale. Fleury s'en est très heureusement inspiré dans le règlement de la question lorraine. Les contemporains l'ont senti et ont eu raison de lui en faire un mérite. La Lorraine, grâce à lui, était et resterait française. C'était la politique de François de Guise, de Henri IV, de Richelieu et de Louis XIV qui triomphait.

La France paraissait si forte que l'on se demandait un peu partout quel usage elle ferait de sa puissance. On prêtait à Louis XV des projets de conquête, — on lui en suggérait au besoin. Le Kronprinz de Prusse, qui fut deux ans plus tard le roi Frédéric II, constatait sans amertume, en 1738 (1), que l'Alsace et la Lorraine, « démembrées de l'Empire », avaient reculé les bornes de la domination française. « Il serait à souhaiter, ajoutait-il, que le Rhin pût continuer à faire la lisière de cette monarchie. » Pour obtenir ce résultat, il suffirait de réunir par conquête ou par traité un petit duché de Luxembourg, un petit électorat de Trèves, un évêché de Liége et « quelques bagatelles ». Si la France avait pour ministre « quelque homme modéré et doux, prêtant son caractère à la politique de la cour », rien ne lui serait plus facile que de « conduire ses desseins à une heureuse issue ».

Mais « Frédéric ne pensait pas un mot de ce qu'il

---

(1) Dans ses *Mémoires*. Le passage est cité presque en entier par M. Stiénon, *La Rive gauche du Rhin et l'équilibre européen*, t. 4 de la présente « petite bibliothèque ».

écrivait alors ». — Pas un mot, c'est trop dire. En 1738, il avait besoin de nous. Prévoyant la mort de Charles VI et tenant la Pragmatique pour un chiffon sans valeur, il comptait sur notre alliance pour agrandir ses Etats aux dépens de la succession. L'événement prouva qu'il avait calculé juste. Malgré les scrupules de Fleury, Louis XV prit parti contre Marie-Thérèse (1). Il fit la guerre pour ses alliés et surtout « pour le roi de Prusse », avec un désintéressement si parfait que Frédéric ne pouvait y croire. Lorsque, après une première défection, la crainte de perdre la Silésie le décida à se rapprocher de la France, il proposa à Louis XV un étrange projet de conquêtes et de partage : la Prusse prendrait la Bohême et la Moravie, la France aurait la Belgique et, s'il lui plaisait d'y joindre la *rive gauche du Rhin tout entière*, « Sa Majesté prussienne n'y verrait pour sa part aucun inconvénient ». — Frédéric n'était pas plus sincère qu'en 1738. — Qu'aurait-il fait pourtant si Louis XV l'avait pris au mot, ce qui n'aurait pas été si déraisonnable, au moment où Marie-Thérèse, encouragée par son allié George II d'Angleterre, annonçait ouvertement l'intention de nous enlever la Lorraine et l'Alsace? Nos armées, vaincues en Bohême, en Hanovre, sur le Mein, près de Francfort, s'étaient repliées jusqu'au Rhin. Après deux tentatives manquées, Charles de Lorraine franchit le fleuve à Philipsbourg, entra en Alsace en forçant les lignes de la Lauter, et, quoique battu à Wissembourg par Coigny, s'avança jusqu'à Saverne, menaçant à la fois Strasbourg et Nancy (juillet 1744).

(1) La guerre de la Succession d'Autriche dura de 1741 à 1748.

Il y eut un instant de désarroi. Stanislas quitta précipitamment Lunéville; on crut tout perdu. Louis XV conserva son sang-froid et fit face au danger. De Lille, où il avait pris le commandement de son armée de Flandre, il accourut à Metz, que le gouverneur des Trois-Evêchés, Belle-Isle, avait déjà mise en état de défense. La maladie qui l'obligea à s'y arrêter ne retarda pas d'un jour la marche des troupes que Noailles conduisit en Alsace. « Souvenez-vous, lui écrivait le roi, que, pendant que Louis XIII était mourant, le prince de Condé gagnait une bataille (1). » Louis XV ne mourut pas, ses généraux n'eurent pas besoin de livrer bataille. Une diversion très opportune de Frédéric II, qui se jeta sur la Bohême, força Charles de Lorraine à abandonner l'Alsace. Noailles et Coigny rejetèrent au delà du Rhin les dernières troupes autrichiennes, sous les yeux du roi, qui achevait sa convalescence à Strasbourg. Ils passèrent sur la rive droite et assiégèrent Fribourg qui capitula le 8 novembre. Louis XV tenait à occuper cette place « pour la protection de l'Alsace ». Il eut le tort de la rendre sans compensation lorsqu'il signa, en 1748, le traité d'Aix-la-Chapelle.

Sans compensation. Louis XV « faisait la paix en roi et non en marchand ». — La France ne prétend à rien, ne souhaite rien en dehors de son territoire actuel, dont l'étendue lui suffit. — Cette politique d'abdication, qui révolta le sentiment public au moment

---

(1) Ce n'était pas tout à fait exact, mais une ancienne tradition racontait que Louis XIII, à ses derniers moments, avait prédit la victoire de Rocroi.

du traité d'Aix-la-Chapelle, fut pourtant celle qui prévalut jusqu'en 1789 dans les conseils de l'ancienne monarchie. On y parlait encore des frontières naturelles de la France, mais on en parlait comme si nous les avions atteintes, pour nous recommander de ne pas les franchir. Vergennes disait à Louis XVI que « la France devait craindre les agrandissements plutôt que les ambitionner ».

De la guerre de Sept Ans, nous n'aurions rien à dire si elle n'avait ramené pour la troisième fois depuis un quart de siècle les Français sur les bords du Rhin. Vaincus à Crevelt, vainqueurs à Klostercamp, ils occupèrent les duchés prussiens de Clèves et de Juliers, Wesel, les électorats ecclésiastiques, et, sur le Mein, Francfort, où Choiseul les maintint jusqu'au traité de Paris et de Hubertsbourg (1756-1763).

L'alliance de la Prusse ne nous avait rien rapporté; celle de l'Autriche fut très contestée et très impopulaire. Elle eut pourtant pour résultat d'obliger l'Autriche à désavouer les intrigues que ses partisans fomentaient en Lorraine et à leur retirer son appui. Les plus compromis se réfugièrent à Vienne, les autres ne pouvaient plus rien.

Sous le ministère de Choiseul, la Lorraine fut réunie à la France, au terme fixé et dans les conditions prévues par le traité de 1738. Stanislas étant mort le 23 février 1766, Louis XV prit officiellement possession de la province qu'il gouvernait en fait depuis trente ans sous le nom de son beau-père. Les Lorrains avaient si souvent et si longtemps vécu sous l'administration française que la transition d'un régime à l'autre s'opéra sans difficulté. Leur premier intendant, M. de la Galaizière, avait été chancelier du bon roi Stanislas. En dépit de quelques froissements inévitables, logements de troupes, augmentations d'impôts surtout, l'assimilation fut rapide, complète et définitive. Le gouvernement royal y contribua fort habilement en ménageant les susceptibilités légitimes de ses nouveaux sujets, en respectant leur passé dont ils étaient fiers et en conservant, suivant sa promesse, les institutions ou fondations de la dynastie ducale. Nancy, dont la population avait presque triplé depuis l'avènement de Stanislas (1), comptait en 1789 parmi les villes les plus favorisées du royaume. Son université datait de 1768; son parlement de 1772; son évêché avait été accordé aux Lorrains par le pape en 1779, sur la demande de Louis XVI, en même temps que celui de Saint-Dié.

En résumé, lorsque le roi convoqua les Etats généraux, la Lorraine obéissait aux mêmes lois, supportait les mêmes charges et jouissait des mêmes droits que la Normandie, la Bourgogne ou l'Ile-de-France. Non seulement elle ne se plaignait pas de sa nouvelle condition, mais les cahiers rédigés par ses électeurs et les déclarations publiques de ses élus ratifiaient mieux qu'un plébiscite sa réintégration dans le cadre de la patrie française (2).

---

(1) 12.000 habitants en 1737; 25.000 en 1766; plus de 30.000 en 1789.
(2) Le jour de l'ouverture des Etats-Généraux ce fut l'évêque de Nancy, député du clergé de Lorraine, qui fut choisi pour prendre la parole devant les représentants de toutes les provinces du royaume.

CHAPITRE XI

La Révolution et l'Empire. — La domination française sur la rive gauche du Rhin.

Au début de la Révolution, l'Assemblée Constituante ne voulait pas la guerre. Talleyrand, élève de Vergennes, repoussait tout agrandissement. Mirabeau était du même avis. Ce n'est pas la France, ce sont les Allemands qui ont rouvert le débat sur la question de nos frontières et soulevé des conflits sur la rive gauche du Rhin.

Le premier fut l'affaire des « princes possessionnés », seigneurs allemands domiciliés et propriétaires en Alsace, qui protestaient contre l'abolition de leurs droits féodaux et invoquaient l'article 89 du traité de Munster pour ne pas se soumettre à la nouvelle législation française. La diète et l'empereur appuyèrent leurs réclamations par des notes menaçantes, d'autant plus mal fondées que la France offrait à ces princes des indemnités qu'elle ne leur devait pas (1). Elle deman-

(1) Elle ne leur devait rien du tout. La France n'avait jamais admis l'interprétation donnée par les Allemands à l'article 89. Eux-

dait par contre, sans l'obtenir, la dispersion des rassemblements d'émigrés qui s'organisaient librement et levaient des troupes sur les terres de l'Empire, à Trèves, à Coblence, à Mayence, à Spire. En novembre 1791, un député alsacien, l'historien Koch, professeur de droit public à Strasbourg, dénonçait à l'Assemblée Législative la gravité de la situation sur notre frontière de l'Est. Sous prétexte de châtier les révolutionnaires français, l'Autriche et la Prusse se préparaient à profiter de la Révolution pour démembrer la France. Le ministre prussien Bischoffswerder proposait de nous enlever d'un seul coup toutes les provinces acquises depuis le traité de Munster, Alsace et Lorraine, Artois, Flandre et Franche-Comté. L'Autriche réclamait tous nos départements du Nord jusqu'à la Somme ; elle offrait l'Alsace et la Lorraine à l'électeur de Bavière en échange de son duché. A Vienne et à Berlin d'abord, puis dans les conseils de la coalition, au congrès d'Anvers en avril 1793, les deux grandes puissances germaniques étalèrent audacieusement leurs convoitises. Leurs alliés les encourageaient : « On peut tout se promettre de l'entreprise contre la France, disait le Russe Markof à l'Autrichien Cobentzel. Emparez-vous des provinces françaises qui sont à votre convenance. La France deviendra puissance de second ordre, et on fera ainsi disparaître le foyer de la démocratie qui a pensé embraser l'Europe. »

Le 20 avril 1792, sur la proposition de Dumouriez, l'Assemblée Législative avait déclaré la guerre, en re-

---

mêmes semblaient avoir renoncé à s'en prévaloir. Aucun appel de ce genre n'avait été porté devant la diète depuis 1714.

jetant sur l'Autriche la responsabilité de la rupture. « Est-ce qu'on mérite le nom d'agresseur, demandait-elle, lorsque, menacé, provoqué par un ennemi injuste et perfide, on lui enlève l'avantage de porter les premiers coups? » — Il est trop évident que la France n'attaquait pas. La grande lutte qu'elle soutint pendant plus de vingt ans contre l'Europe fut avant tout une guerre de *Défense nationale,* qui commença sur la rive gauche du Rhin.

C'est à Strasbourg, « à deux pas de l'ennemi », que la *Marseillaise* fut chantée pour la première fois par son auteur dans le salon du maire Dietrich. Lorsque, à la fin d'août 1792, les Prussiens du duc de Brunswick envahirent la Lorraine, ils furent reçus à coups de fusil par les paysans, dont ils incendiaient les villages et détruisaient les récoltes. Longwy et Verdun tombèrent en leur pouvoir, mais Dumouriez les arrêta par la canonnade de Valmy, qui eut pour nous les effets d'une victoire décisive. L'armée allemande recula jusqu'au Rhin, abandonnant la rive gauche aux Français. Custine occupa à peu près sans coup férir Spire, Worms, Frankenthal, Mayence et poussa même jusqu'à Francfort (octobre 1792). Les villes s'ouvraient d'elles-mêmes devant nos soldats qui ménageaient les habitants et fraternisaient avec eux. Les récits de cette marche triomphale éveillaient partout un grand enthousiasme patriotique. La Convention avait beau répéter qu'elle ne voulait pas de conquêtes, qu'elle ne faisait la guerre que pour affranchir les peuples, « l'image du Rhin, une fois évoquée, ne s'effaça plus ». La politique réaliste et nationale des frontières gauloises l'emporta sur le prosélytisme cosmopolite des Girondins : « Les limites de la France, disait Danton en juillet 1793, sont marquées par la nature; nous les atteindrons dans leurs quatre points, à l'Océan, aux bords du Rhin, aux Alpes, aux Pyrénées. »

Les événements qui suivirent sont trop connus pour que nous ayons besoin d'y insister. Rappelons seulement l'héroïque défense de Kléber à Mayence, l'admirable campagne de Hoche et de Pichegru qui sauva d'une nouvelle invasion la Lorraine et l'Alsace, enfin la conquête de Cologne et du Palatinat par Jourdan.

Lorsque la Prusse, abandonnant l'Autriche, se résigna à demander la paix, tous les territoires, toutes les places de la rive gauche du Rhin, excepté Luxembourg et Mayence, étaient occupés par les armées de la République.

Le traité fut signé à Bâle après deux mois de négociations (février-avril 1795). L'envoyé français, Barthélemy, diplomate de l'école de Vergennes, était un des rares partisans des « anciennes frontières ». Le Comité de Salut public, heureusement, ne fut pas de son avis. Le roi de Prusse nous cédait la partie de ses Etats située sur la rive gauche du Rhin, couvrait de sa neutralité les Etats du Nord de l'Allemagne qui se placeraient sous sa protection. Il était entendu, bien que cette clause ne figurât pas dans le traité, que la France continuerait d'occuper, au moins jusqu'à la paix générale, tous les territoires conquis aux dépens de l'Empire sur la rive gauche du Rhin. La Prusse ne protesta pas contre le décret de la Convention qui déclarait ces territoires réunis pour toujours à la France (1ᵉʳ octobre 1795).

L'Autriche ne gagna rien à continuer la guerre. En annonçant au Directoire qu'il a signé les préliminaires de Léoben, Bonaparte mentionne expressément ce fait que l'empereur reconnaît « les limites de la République française conformément aux décrets de la Convention » (18 avril 1797). Le traité de Campo-Formio (17 octobre) précisait la limite du Rhin. Toutefois la cession consentie par l'empereur devait être ratifiée par l'Empire. De là le congrès de Rastadt, rompu en avril 1799 par un crime des Autrichiens, qui assassinèrent aux portes de la ville deux des négociateurs français.

La deuxième coalition, à laquelle la Prusse ne prit aucune part, ne rendit pas à l'Allemagne ce qu'elle avait perdu dans la première. Par la paix de Lunéville (9 février 1801), l'empereur François II, stipulant cette fois au nom de l'Empire, acceptait définitivement la limite du Rhin (1). Le peuple français n'en voulait pas d'autre, disait le Premier Consul. « Des revers n'avaient point ébranlé sa volonté, des victoires n'ont point dû ajouter à ses prétentions. » Par ce traité, tout était fini pour la France : « elle n'aurait plus à lutter contre les formes et les intrigues d'un congrès ».

Aussitôt après le traité de Campo-Formio, le Directoire avait divisé nos provinces du Rhin en quatre départements, qui reçurent sous le Consulat leur organi-

---

(1) Sur la rive droite, les places de Brisach, Kehl, Phillipsbourg, Castel, Ehrenbreitstein et Dusseldorf devaient être démantelées.

sation définitive (décret du 8 mars 1801). L'Empire n'y apporta pas de changement essentiel.

DÉPARTEMENTS	CHEFS-LIEUX	SOUS-PRÉFECTURES	POPULATIONS
Roër	Aix-la-Chapelle	Cologne, Clèves, Crevelt	670.000 hab.
Sarre	Trèves	Prum, Sarrebruck, Birkenfeld	260.000 »
Rhin et Moselle	Coblence	Bonn, Simmern	280.000 »
Mont-Tonnerre	Mayence	Spire, Kaiserslautern, Deux-Ponts	400.000 »

L'introduction du français comme langue officielle de l'administration et de la justice fut décrétée par le Directoire. Le Code Napoléon y fut promulgué en 1804 en même temps que dans le reste de la France. D'ailleurs un décret du Consulat assimilait entièrement nos nouveaux départements aux anciens, notamment en ce qui concerne l'instruction publique. Mayence fut le chef-lieu d'une académie, de laquelle dépendaient deux lycées et une vingtaine de collèges, où les deux langues étaient enseignées. « Unir dans un seul tout la jeunesse de la vieille France et celle des nouvelles provinces » était un bon moyen de hâter la fusion, qui ne rencontrait aucune difficulté sérieuse. Les préfets affirmaient en 1810 qu'elle serait complète après deux générations.

Qu'il y ait eu des fautes commises, surtout au début, par des assimilateurs trop zélés ou trop pressés; que des intérêts légitimes, des souvenirs respectables aient été, sans raison, froissés ou méconnus, c'est un fait que personne ne conteste. A partir du Consulat, d'excellents préfets, maintenus longtemps dans leur poste

(Jean-Bon Saint-André fut préfet du Mont-Tonnerre de 1802 à 1814), reprirent, en l'élargissant, la tradition des intendants d'Alsace, et firent non seulement respecter, mais aimer le régime dont ils étaient les représentants. « Quand Napoléon visita les nouveaux départements en 1804, on célébra son voyage comme l'apparition d'un être surnaturel dont la seule présence apportait la félicité. » C'est l'Allemand Hüffer qui le constate. L'enthousiasme n'était pas moindre à Dusseldorf, sur la rive droite du Rhin, où tout le peuple, de ses mille voix, criait: Vive l'empereur! » La naissance du roi de Rome ne causa nulle part plus de joie que dans le pays rhénan, parce qu'elle semblait le gage de l'union définitive avec la France.

En moins de vingt ans, les prétendus Allemands de la rive gauche étaient redevenus Français comme les Austrasiens, leurs ancêtres, comme les Alsaciens sous Louis XIV et les Lorrains sous Louis XV. Pour expliquer cette brusque évolution, les historiens allèguent l'enthousiasme provoqué par notre Révolution et plus encore les bienfaits très réels de l'administration consulaire et impériale (1). La raison est bonne, mais elle ne suffit pas. En réalité, les habitants de la rive gauche avaient retrouvé leur patrie, la France, qu'ils n'avaient jamais oubliée.

Par l'organisation de la Confédération du Rhin, en 1806, par la création d'Etats nouveaux fondés en Allemagne pour son frère Jérôme, son beau-frère Murat,

---

(1) Voir, dans la collection de la Ligue des Patriotes, le livre de M. Julien Rovère : *L'Administration française de la Rive gauche du Rhin de 1789 à 1814.*

pour les princes bavarois ou saxons, ses protégés, Napoléon avait étendu à une grande partie de l'Allemagne ces mêmes bienfaits de l'administration française. « Rarement un Etat a reçu d'aussi bonnes lois que cet éphémère royaume de Westphalie. » (Kleinschmidt.)

Cependant, après la désastreuse campagne de Russie, tous les Allemands de la rive droite renversèrent les gouvernements de la Confédération et marchèrent en armes contre la France. Les départements de la rive gauche restaient calmes, même après Leipzig; les contributions étaient payées, les conscrits répondaient à l'appel. Les préfets, à qui Napoléon recommande d'user de ménagements, répondent qu'ils n'en ont pas besoin. En 1814, les Prussiens ne se croient pas en sûreté dans les provinces de la rive gauche. Leur orgueil et leur brutalité exaspèrent les populations. Pendant les Cent-Jours, à Spire, à Mayence, à Trèves, à Aix-la-Chapelle, on compte sur la victoire de Napoléon : « beaucoup de gens montrent une joie indécente » et préparent des cocardes tricolores. Encore après Waterloo, les Prussiens campèrent dans les provinces du Rhin comme en pays conquis.

En résumé, les gouvernements issus de la Révolution, la Convention d'abord, le Consulat ensuite, avaient repris et heureusement complété l'œuvre historique de la monarchie. Les traités de Bâle, de Campo-Formio, de Lunéville nous avaient donné la frontière du Rhin. Napoléon, empereur, l'a perdue pour avoir voulu pousser plus avant. Il sentait le danger quand il disait: « Si nous nous étendons au delà, il n'y a plus de France. »

L'occupation de Kehl, Castel, Ehrenbreitstein et de quelques autres têtes de pont sur la rive droite était une précaution défensive qui pouvait se justifier, c'était la vraie ligne de la frontière gauloise que la France n'avait aucun intérêt à dépasser.

CHAPITRE XII

Les Traités de 1815. — La Restauration. — Louis-Philippe.

En 1814, les coalisés, fiers de leurs victoires, n'étaient pas d'accord sur la manière de traiter la France. Les plus modérés étaient, pour des raisons différentes, les Russes et les Anglais. Les plus violents, les plus avides étaient les Prussiens: « Si l'on veut une paix durable, disait le ministre Hardenberg, si la France elle-même veut se réconcilier avec ses voisins, elle doit leur rendre la ligne de défense qu'elle leur a enlevée, l'Alsace à l'Allemagne et les forteresses de la Meuse, de la Moselle et du Rhin. » Le plus habile, le plus perfide des diplomates ennemis était l'Autrichien Metternich. Ce fut lui qui rédigea la note ambiguë appelée Déclaration de Francfort, du 9 novembre 1813, offrant de traiter avec Napoléon, si la France voulait se renfermer « dans ses limites naturelles qui sont le Rhin, les Alpes, les Pyrénées ». Les alliés se récrièrent : Metternich leur expliqua qu'il fallait « frapper l'esprit des Français »;

en réalité, il entendait bien ne leur laisser d'accès au Rhin qu'en Alsace, et, au congrès de Châtillon, jetant le masque, il déclara ne leur accorder que les frontières de 1792, « les mêmes qu'à Francfort, mais détaillées ». L'empereur rompit les négociations, ne voulant pas laisser la France plus petite qu'il ne l'avait trouvée.

Lorsque, après la première Restauration, Talleyrand négocia au nom de Louis XVIII le premier traité de Paris du 30 mai 1814, il réclama vainement la frontière offerte à Francfort, puis le Luxembourg et la moitié du Palatinat. Les alliés nous imposèrent les limites de 1792. Cependant Mulhouse nous resta.

A Vienne, après les Cent-Jours, on discuta sérieusement de nouveaux projets de démembrement : l'Autriche voulait la Lorraine pour un archiduc; elle proposait de donner l'Alsace au Wurtemberg, à la Bavière ou même à la Prusse, qu'elle espérait ainsi brouiller avec la France. Une carte dressée par l'état-major prussien nous enlevait de plus la moitié de la Champagne (1). L'Angleterre et la Russie firent écarter ces projets extravagants. Le second traité de Paris du 20 novembre 1815 n'en fut pas moins très dur. Nous perdions en Alsace Landau, en Lorraine Sarrelouis, la patrie du maréchal Ney. Les fortifications de Huningue, que 135 Français avaient défendues pendant un mois contre 25.000 Autrichiens, devaient être démolies.

Le partage de nos dépouilles ne fut pas facile à ré-

---

(1) Cette carte, communiquée par l'empereur Alexandre au duc de Richelieu, est reproduite dans l'*Histoire des Traités de 1815*, de M. de Clercq.

gler. La Prusse désirait « n'avoir aucune frontière en commun avec la France, parce que comparativement, sur le Rhin, elle se trouverait toujours faible ». Elle proposait de donner nos départements de la rive gauche au roi de Saxe, qui lui céderait ses Etats. L'Autriche et l'Angleterre s'opposèrent à l'échange. La France les appuya et elle eut tort : le roi de Saxe, cousin de Louis XVIII, n'eût pas été pour nous un mauvais voisin. D'après l'arrangement qui fut adopté, la Prusse eut pour sa part Cologne, Aix-la-Chapelle, Coblence et Trèves, les deux rives du Rhin, de Bingen jusqu'à la Hollande, et la Moselle jusqu'à la frontière du Luxembourg. Mayence et Worms furent donnés au grand-duché de Hesse; Spire, Landau, Deux-Ponts et le Palatinat à la Bavière; la principauté de Birkenfeld au grand-duché d'Odenbourg. Tous ces Etats faisaient partie de la Confédération germanique, qui remplaçait l'Empire. Rastadt et Landau, Mayence et Luxembourg, places fortes fédérales, étaient armées pour nous tenir en respect et surveiller en même temps les populations de la rive gauche rattachées malgré elles à la « patrie allemande ». — « Le Rhin, fleuve de l'Allemagne, mais non frontière de l'Allemagne », écrivait en ce temps-là le pangermaniste poméranien Maurice Arndt. C'est de cette époque, et — on l'a déjà signalé avec à-propos — de cette époque seulement que date la propagande allemande pour la rive gauche du Rhin, à laquelle les Allemands étaient restés jusque-là parfaitement indifférents.

Dans les pays d'outre-Rhin, les souvenirs de 1813 et l'orgueil des récentes victoires entretiennent une exaltation fiévreuse, certainement encouragée par le gouvernement prussien, et qui sévit surtout dans les centres universitaires. Teutomanes et gallophobes, les étudiants s'enthousiasment pour Arminius et ses Chérusques, qui buvaient dans des crânes le sang des Welches. Le professeur de gymnastique Jahn est fort applaudi, quand il propose de séparer l'Allemagne de la France par une forêt peuplée de bêtes sauvages.

Sur la rive gauche, les *Kriegsvereine*, associations d'anciens soldats de la République et de l'Empire, continuent à fêter dans leurs réunions les anniversaires de nos victoires, et ont voué un véritable culte à la mémoire de Napoléon. Ils font célébrer pour lui des services funèbres, et quand ils érigent, à Kaiserslautern ou à Coblence, des monuments à leurs compagnons d'armes, ils choisissent la date du 5 mai pour les inaugurer. Quand on parle de lui, on dit *notre Empereur*. Pour les paysans du Palatinat, la route construite sous son règne est toujours la *Kaisersstrasse*, la route impériale. Le gouvernement prussien avait promis de maintenir dans la province rhénane l'égalité civile, le code Napoléon, l'organisation judiciaire et même le Concordat français. Il tint sa parole au moins jusqu'en 1850, parce que c'était le meilleur, sinon le seul moyen de consolider sa domination. Encore n'était-il pas sûr d'y réussir. Dans les dernières années du règne de Frédéric-Guillaume III, un haut fonctionnaire écrivait : « Il n'y a ici personne qui ne remerciât Dieu à genoux, si le pays revenait sous la domination française. » Il est évident, — les historiens allemands eux-mêmes ne peuvent le nier —, que, pendant un demi-siècle après

1815, l'image de la France ne s'effaça pas plus pour les Rhénans que celle du Rhin pour les Français.

On sait combien, sous la Restauration, aussi bien que sous le gouvernement de Louis-Philippe, la question de nos frontières passionna l'opinion publique. « Chaque Français, disait lord Palmerston, déclare qu'il se couperait volontiers les deux mains pour obtenir la limite du Rhin. » Ce que l'on connaît moins, c'est le jugement porté sur les traités de 1815 par les ministres de Louis XVIII et de Charles X, par Richelieu, Villèle, et surtout Chateaubriand. « La France, écrivait ce dernier, doit le plus vite possible remonter par elle-même au rang d'où l'ont fait descendre les traités de Vienne »; et en 1828: « Nous voulons avoir la ligne du Rhin depuis Strasbourg jusqu'à Cologne; telles sont nos justes prétentions. C'est là que, tôt ou tard, la France doit placer sa frontière, tant pour son honneur que pour sa sécurité. » La Russie, qui s'était rapprochée de nous en vue de la question d'Orient, nous faisait espérer son concours. « Voyez ce qui est à votre convenance, disait Alexandre Ier à notre ambassadeur, et comptez non seulement sur le consentement, mais sur l'assistance sincère et efficace de la Russie (1821). » En 1829, Polignac adresse à Nicolas un plan de remaniement européen qui nous attribuait la Belgique et la rive gauche du Rhin.

La Révolution de Juillet 1830 changea brusquement la situation : plus d'alliance russe; la coalition de 1815 parut sur le point de se reformer. Quelques patriotes exaltés pressaient Louis-Philippe de prendre l'offensive, de marcher hardiment vers le Rhin, d'y porter la frontière et d'y continuer la guerre « par le mouvement national » (1). Au lieu de s'engager dans cette folle entreprise, le roi rendit à la France et à l'Europe un service inappréciable en donnant à la question de la Belgique la meilleure et la plus équitable des solutions. A la place du royaume des Pays-Bas érigé contre nous en 1814, il s'élevait un Etat déclaré neutre « qui, par son origine, ses institutions, ses intérêts politiques et matériels, par le mariage de son roi, tout en demeurant neutre, est devenu pour nous un Etat ami (Guizot) ».

La crise orientale de 1840 faillit provoquer une guerre européenne. Les journaux français les plus modérés prêchaient la revanche de 1815 et la reprise de nos frontières naturelles. Thiers, penché sur une carte du Rhin, faisait des plans de campagne et demandait à Louis-Philippe 500.000 hommes pour commencer la guerre contre l'Autriche. Les Allemands s'enflammèrent tous, nous rendirent menaces pour menaces. « Nous aurons la guerre, disait le général prussien Scharnhorst, et on se partagera la France. Elle représente le principe de l'immoralité. Il faut qu'elle soit anéantie; sans cela il n'y aurait plus de Dieu au Ciel. » La médiocre chanson de Nicolas Becker, le *Rhin allemand*, la *Wacht am Rhein* du Wurtembergeois Schneckenburger, aussitôt mises en musique par plus de 200 compositeurs, retentirent comme un défi d'un bout de l'Allemagne à l'autre — jusqu'au Rhin exclusivement. On connaît la réponse de Musset, « cinglante comme une volée de coups de cravache ». Malheureusement il y en

---

(1) C'est-à-dire en se mettant à la tête des révolutionnaires allemands dont on lui promettait le concours!

eut une autre, la *Marseillaise de la Paix*, de Lamartine, appel trop naïf à la fraternité des peuples, y compris le peuple allemand, et qui fut d'ailleurs couvert d'injures et de sarcasmes par les journaux d'outre-Rhin. Nous ne connaissions pas, nous ne comprenions pas l'Allemagne, nous n'avions aucune idée de la haine dont nous étions l'objet. Jamais la poésie, la peinture, la philosophie, la science allemandes n'eurent chez nous autant d'admirateurs que pendant les dernières années du règne de Louis-Philippe. Nous ne nous souvenions déjà plus de notre récente querelle. Les Allemands, eux, n'oubliaient rien. En 1842, ils faisaient de l'anniversaire de la bataille de Leipzig une grande fête nationale. Ce jour-là le roi Louis de Bavière inaugurait aux portes de Ratisbonne, la *Walhalla*, temple élevé aux grands hommes de la patrie germanique, où les généraux prussiens de la guerre de l'Indépendance, couronnés par les Walkyries, figuraient en bonne compagnie, avec Alaric, Genséric, Odoacre et Totila.

CHAPITRE XIII

Napoléon et Bismarck. — La guerre de 1870 et le traité de Francfort. — L'Alsace-Lorraine. La situation actuelle. — Conclusion.

Le 24 février 1848, la République fut proclamée à Paris. Au nom du Gouvernement provisoire, Lamartine adressa à l'Europe un manifeste tellement pacifique qu'il eût pu, disait-on, être signé Guizot : la République française ne reconnaît plus en droit les traités de 1815 ; « toutefois les circonscriptions territoriales de ces traités sont un fait qu'elle admet comme base et comme point de départ dans ses rapports avec les autres nations ».
Presque en même temps des révolutions avaient éclaté à Berlin, à Vienne, dans toutes les capitales allemandes. Un Parlement national se réunit à Francfort le 18 mai 1848. L'Allemagne voulait être une; elle voulait « être un grand Empire régi par la volonté nationale ». Dans cette assemblée, dont nous n'avons pas à raconter l'histoire, les orateurs pangermanistes réclamèrent au nom de la grande Allemagne tous les pays

où l'on parlait allemand, non seulement l'Alsace et la Lorraine, mais les duchés danois, tout le sud de la mer Baltique, depuis Kiel jusqu'à Narva, plus la mer du Nord, sur laquelle régnaient indûment les Belges, les Hollandais et les Anglais. Ces ambitions semblaient alors bien ridicules. La France ne les prit pas au sérieux.

Elle n'essaya pas de profiter des insurrections républicaines qui éclatèrent sur les deux rives du Rhin, dans le voisinage immédiat de sa frontière, dans le pays de Bade, la Prusse rhénane et le Palatinat bavarois. La répression féroce, à laquelle présidait le prince de Prusse, le futur empereur Guillaume Ier, aurait pourtant justifié notre intervention. « Respectant l'indépendance de nos voisins », la République garda la plus stricte neutralité.

L'élection présidentielle de Louis-Napoléon et son avènement à l'Empire causèrent quelques inquiétudes à Vienne et surtout à Berlin. Frédéric-Guillaume IV détestait la France, et il le laissait trop voir au gré de Bismarck qui écrivait en 1852 : « Je ne veux nullement plaider en faveur des sympathies françaises, mais on peut se servir de tout comme épouvantail. » — La Prusse « ne doit pas se laisser guider par ses sentiments, mais par ses intérêts ». Pourquoi ne conclurait-elle pas « une petite alliance à bon marché » avec Napoléon III? Il faudrait l'inviter à une revue des troupes prussiennes, comme il en a exprimé le désir. « Omettre de l'inviter serait une erreur politique (1856). » L'empereur n'alla pas à Berlin, mais il reçut à Compiègne le prince Guillaume, qui devint roi en 1861. Il entretenait des relations amicales avec les petits souverains de la Confédération, qu'il rencontrait chaque année à Bade, chez sa cousine, la grande-duchesse Stéphanie de Beauharnais, fille adoptive de Napoléon I⁽ᵉʳ⁾. Le nouveau pont construit sur le Rhin entre Strasbourg et Kehl semblait un trait d'union entre la France et l'Allemagne, du moins l'Allemagne du Sud, où, d'après Bismarck lui-même, « le besoin d'unité était si peu senti qu'on se tournait ouvertement vers l'étranger ». En 1866, des patriotes wurtembergeois et bavarois suppliaient Napoléon III de venir à leur secours en prenant parti pour l'Autriche contre la Prusse. Même au commencement de la guerre de 1870, les officiers prussiens n'étaient pas sûrs des contingents du Sud : « Nous les mettrons au premier rang et, s'ils bronchent, malheur à eux. »

Nous n'avons pas à critiquer, encore moins à défendre, la politique de Napoléon III en Allemagne. Il faut du moins lui rendre cette justice qu'il a toujours considéré comme désirable et possible une révision des traités de 1815, qui aurait rendu à la France ses frontières naturelles. A défaut d'un nouveau congrès qui réformerait l'œuvre néfaste du Congrès de Vienne, il comptait sur des négociations particulières avec les princes intéressés pour réaliser son programme de réunions pacifiques. Déçu dans ses espérances, il osa proclamer dans un discours célèbre que les traités de 1815 n'existaient plus.

Dès 1862, Bismarck, parlant à Napoléon III des agrandissements nécessaires à la Prusse, insinuait que, si la France voulait entrer dans la voie des compensations, elle pourrait tourner ses regards du côté de la Belgique. Plus tard, dans les fameuses conversations de Biarritz, en 1865, à la veille d'entrer en guerre contre l'Autriche, il se comparait au brochet qui met les poissons en mouvement : avec lui, nous ferions bonne pêche, nous pourrions prendre le Luxembourg et la Suisse française. Il fut certainement question de la rive gauche du Rhin. Bismarck a menti quand il s'est vanté, en plein Reichstag, de n'avoir jamais promis « un village ou un champ de trèfle allemand ». — « Je suis bien plus Prussien qu'Allemand, disait-il au général italien Govone, je n'aurais aucune difficulté à céder à la France tout le pays entre le Rhin et la Moselle; mais le roi aurait des scrupules très graves. » Un projet de traité secret, qui nous aurait donné la Hesse-Darmstadt et le Palatinat, fut révélé par Bismarck, en 1867, aux gouvernemens des Etats du Sud. Ce projet, non signé, avait été certainement discuté avec l'ambassadeur français Benedetti. Bismarck l'aurait vraisemblablement signé, si la Prusse n'avait pas été victorieuse à Sadowa : « L'empereur comptait que nous serions battus et qu'il nous accorderait sa protection amicalement, mais non gratuitement. » Ce fut l'Autriche qui eut besoin de la médiation de la France. Le ministre Drouyn de Lhuys était d'avis de l'imposer en envoyant 100.000 hommes dans la Forêt-Noire. — Il n'en aurait pas fallu la moitié pour occuper la province prussienne du Rhin, sacrifiée d'avance par Bismarck, qui n'avait pas trop de toutes ses troupes pour accabler les Autrichiens. L'empereur se borna à faire signer un armistice qui permit à la Prusse de ramener sur le Rhin ses troupes, déjà parvenues aux portes de Vienne. La paix fut conclue à Prague, le 23 août 1866, à l'avantage du roi Guillaume, qui gagnait 4 millions de sujets, devenait le chef d'une nouvelle Confédération dont l'Autriche était exclue, et dominait en fait toute l'Allemagne au nord du Mein. Une alliance offensive et défensive lui assurait en temps de guerre le commandement militaire de toutes les forces militaires des quatre Etats du Sud, Hesse, Bade, Wurtemberg et Bavière.

Napoléon III demanda vainement la compensation promise, le prix de sa neutralité bienveillante, d'abord la rive gauche du Rhin tout entière, puis Mayence et Landau. Bismarck répondit par un refus brutal : « Mayence ou la guerre? — Soit, nous choisissons la guerre. » L'empereur ne la voulait pas : Bismarck reparla de la Belgique, insista pour la faire accepter, suggéra ou dicta à notre ambassadeur ce fameux projet, ce « brouillon » non signé qu'il exploita si perfidement contre nous dans la suite (1), et finit par nous proposer l'achat du grand-duché de Luxembourg, qui appartenait au roi de Hollande, mais était néanmoins compris dans l'ancienne Confédération germanique. Le marché fut conclu pour 90 millions. Au moment où le traité allait être signé, la Prusse opposa son *veto*. Elle ne souffrirait pas « qu'une province de l'Allemagne fût séparée de ce pays ». L'empereur, justement irrité,

---

(1) Pour vaincre les scrupules de l'empereur, qui repoussait l'annexion de la Belgique « comme un acte de brigandage », Bismarck lui représentait que Léopold II pourrait conserver son royaume, en devenant vassal de l'Empire français (Proposition de l'ambassadeur Von der Goltz pendant l'Exposition de 1867.)

songea à déclarer la guerre. L'Europe intervint, et la **Conférence de Londres** accorda à la France une demi-satisfaction : évacuation de la forteresse de Luxembourg par la garnison prussienne qui l'occupait depuis 1815; indépendance et neutralité du grand-duché (13 mai 1867). L'opinion ne fut pas satisfaite. — La Prusse nous a trompés, elle nous humilie et nous provoque, écrivait Emile de Girardin dans la *Liberté*. Il faut lui faire la guerre et reprendre aux Allemands la rive gauche du Rhin. — D'autres journalistes, des diplomates surtout, taxaient de folie cette politique, et soutenaient que le meilleur moyen de retarder la réunion des Etats du Sud avec la Confédération du Nord était de « rassurer l'Allemagne », en affirmant bien haut que la France ne prétendait pas à un pouce du sol allemand (septembre 1868). Ceux qui donnaient ce conseil à Napoléon III ne se doutaient pas que dans le même temps, presque jour pour jour, à Berlin, un ministre prussien, Schleinitz, disait à Mme de Pourtalès « qu'avant dix-huit mois notre Alsace serait à la Prusse », — à moins qu'on ne la réunît au grand-duché de Bade, ce qui formerait « une superbe province comprise entre les Vosges et la Forêt Noire » (1). — Déjà en 1866, quinze jours avant la rupture avec l'Autriche, Bismarck proposait à Vienne une entente et « un changement de front vers l'Ouest » pour reconquérir l'Alsace et faire de Strasbourg une forteresse fédérale. A l'époque où il raconta pour la première fois cette histoire, il n'avait aucun intérêt à l'inventer. C'était à Versailles, pendant le siège de Paris.

(1) Lettre du général Ducrot au général Frossard, 28 octobre 1868.

Depuis quatre ans, à partir du traité de Prague, la Prusse s'était préparée à la guerre, entraînant contre nous toute l'Allemagne comme autrefois l'Autriche entraînait l'Empire. Bismarck eut l'habileté de rendre cette guerre inévitable et d'obliger la France à la déclarer. Pour supporter les insolentes prétentions des pangermanistes et les rodomontades des généraux prussiens, il aurait fallu « ne plus avoir dans les veines une goutte de vieux sang gaulois ». La candidature d'un Hohenzollern au trône d'Espagne fut l'occasion, non la cause de la rupture. Napoléon III mentionne à peine ce « dernier incident » dans son manifeste de guerre. « Nous réclamons, disait-il, l'établissement d'un état de choses qui garantisse notre sécurité et assure l'avenir. Nous voulons conquérir une paix durable et faire cesser cet état précaire où toutes les nations emploient leurs ressources à s'armer les unes contre les autres. » (17 juillet 1870.) — Ce que l'empereur ne disait pas, c'est qu'aucune paix ne pouvait être durable tant que notre frontière de l'Est, mutilée par les traités de 1815, ne serait pas intégralement rétablie, tant que l'Alsace et la Lorraine resteraient exposées aux convoitises et aux agressions de l'Allemagne, autrement redoutable sous l'hégémonie prussienne qu'elle ne l'était au temps du Saint-Empire. Napoléon III songeait certainement à la rive gauche du Rhin, qu'il considérait comme une compensation due à la France pour l'agrandissement de la Prusse, de même qu'il s'était fait céder la Savoie et Nice lorsque le roi de Sardaigne était devenu roi d'Italie. Ambition légitime, mais intempestive. En 1870, l'occasion était passée. Toutes les fautes diplomatiques avaient été commises. Les appétits allemands étaient surexcités. Le roi de Prusse ne manqua pas de dénoncer les ambitions françaises en appelant tous les Allemands « à défendre leur liberté et leurs droits contre des conquérants étrangers ». Tous les princes, ceux du Sud aussi bien que ceux du Nord, le roi de Bavière en tête, se joignirent en effet à la Prusse; mais, sous couleur de défendre l'Allemagne, ils marchaient pour envahir la France et se partager ses dépouilles.

L'invasion était préméditée. Les écrivains militaires allemands nous apprennent que, dès 1868, le plan du grand état-major de Berlin prévoyait l'occupation immédiate et totale de l'Alsace et de la Lorraine, en même temps que la marche directe sur Paris. Dans la pensée de Bismarck, cette occupation, fortement organisée, était le prélude de l'annexion définitive. Ses admirateurs étaient sûrs à l'avance « qu'il ne ferait grâce à son adversaire ni d'un centime, ni d'un hameau, ni d'un pouce de territoire », et ils admettaient comme une hypothèse vraisemblable que la France devrait céder la ligne des Vosges, celle de la Moselle ou même celle de la Meuse. — Après nos premières défaites, même après Sedan, Bismarck ne précise pas et surtout ne limite pas ses exigences. Quand Jules Favre à Ferrières, Thiers à Versailles lui demandent la paix ou un armistice, il réclame avant tout Strasbourg et Metz, qui sont « les clefs de la maison », Toul, Verdun, d'autres places de l'Est, — et le fort du Mont-Valérien, à titre de gage, jusqu'à la signature du traité définitif. Il ne s'explique pas catégoriquement sur les conditions de ce traité. L'almanach de Gotha, imprimé en novembre 1870, nous en donne un très curieux aperçu : Aucune portion de territoire n'a encore été cédée à l'Allemagne, en vertu du droit public, à la date du 1ᵉʳ novembre, mais le lecteur trouvera à la fin de l'article *France* (1) une notice sur les gouvernements généraux créés par le roi de Prusse dans les provinces occupées par les troupes allemandes. *Gouvernement d'Alsace* : département du Bas-Rhin et du Haut-Rhin; Metz, Thionville, Sarreguemines, Sarrebourg et Château-Salins. *Gouvernement de la Lorraine* : département entier de la Meuse et des Vosges; Nancy, Lunéville, Toul et Briey. Tous ces pays qui avaient autrefois fait partie de l'Allemagne devaient lui revenir. Les oracles du pangermanisme se chargeaient de le démontrer: l'historien Mommsen, le statisticien Boeck, les géographes des *Mittheilungen*. Les Allemands nous croyaient à bout de forces, hors d'état de discuter leurs prétentions. L'application intégrale de leur programme annexionniste était l'article fondamental de la paix qu'ils se préparaient à nous imposer. Plutôt que de consentir à la mutilation du territoire national, plutôt que de céder à l'ennemi deux provinces *françaises par le cœur et qui voulaient rester français* (2), le gouvernement de la Défense, approuvé et soutenu par la nation tout entière, prolongea pendant trois mois

---

(1) Page 833. On sait que l'*Almanach de Gotha* a toute l'autorité d'une publication officielle.
2) En janvier 1871, un correspondant du *Times* constate que 12.000 volontaires Alsaciens se sont joints à l'armée française depuis l'occupation allemande, et qu'il en arrive encore tous les jours. A la même époque des francs-tireurs lorrains, les *Chasseurs des Vosges*, firent sauter, près de Toul, le pont de Fontenoy.

une résistance qui semblait désespérée, mais qui ne fut pas inutile. Bien qu'on ait souvent écrit le contraire, la paix qui nous aurait été imposée au lendemain de la capitulation de Metz aurait été plus dure qu'elle ne le fut à la fin de janvier 1871.

« On peut, on doit bombarder Paris, disait Bismarck. Paris est une forteresse, et une forteresse est une chose qui appartient à la guerre. » Pendant un mois les obus allemands tombèrent sur le Luxembourg, le Panthéon, la Sorbonne, le Collège de France, l'Hôtel-Dieu, l'hôpital Necker. Il y eut des incendies et de nombreuses victimes. Cependant « Paris ne céda qu'à la faim ».

L'armistice fut signé le 28 janvier, les préliminaires de la paix le 26 février 1871. On nous prenait l'Alsace, Metz, et une partie de la Lorraine que Thiers s'efforça vainement de nous conserver tout entière : « C'est une terre de langue française, disait-il, c'est une terre française, elle n'a rien d'allemand, que le souvenir d'une domination autrichienne. Pourquoi voulez-vous la prendre? » Bismarck a raconté plus tard qu'il ne voulait pas annexer Metz, qu'il lui déplaisait « d'introduire dans la maison allemande tant de gens qui ne l'aimaient pas ». Tout porte à croire qu'il a menti. Il consentit seulement à nous laisser Belfort, parce que l'état-major déclarait ne pas en avoir besoin. — Tandis qu'on échangeait les signatures « les Allemands étaient rayonnants ». Thiers supporta héroïquement cette épreuve, écrit Jules Favre qui l'accompagnait, mais, quand il remonta en voiture, il fondit en larmes et ne cessa pas de pleurer jusqu'à Paris.

La frontière, telle qu'elle était décrite dans l'article I" des préliminaires, se trouvait « marquée en vert sur la carte du territoire formant le gouvernement général d'Alsace *publiée à Berlin en septembre* 1870 par la division géographique et statistique de l'état-major général ». Nous perdions le département du Bas-Rhin tout entier; le Haut-Rhin, moins la ville et le territoire de Belfort; tout le département de la Moselle, sauf Briey et quelques communes de l'arrondissement de Metz; dans la Meurthe, les arrondissements de Sarrebourg et de Château-Salins; dans les Vosges, les cantons de Saale et de Schirmeck.

Sur la proposition de Thiers, par 546 voix contre 107, l'Assemblée nationale, siégeant à Bordeaux, ratifia ces préliminaires. Elle ne pouvait agir autrement. « Si vous refusez, lui disait son rapporteur, Victor Lefranc, c'est Paris occupé et la France entière envahie. » — Le jour même où la discussion s'ouvrait, les Allemands entraient dans Paris où ils devaient rester jusqu'à la ratification. Ils occupaient trente de nos départements et continuaient à lever des contributions de guerre par tous les moyens de violence, « excepté l'incendie des maisons et la fusillade qui ne doivent pas avoir lieu pendant l'armistice ». Thiers adjura l'Assemblée d'avoir « le courage du malheur ». Elle se résigna « parce qu'il le fallait », et ratifia avec une profonde tristesse « des conditions telles qu'on en impose à un vaincu ayant le pied sur la gorge (1" mars 1871) ».

Avant le vote, MM. Varroy, député de Nancy, Bamberger de Metz, Georges d'Epinal, Keller de Belfort, portèrent à la tribune d'énergiques protestations. A la fin de la séance, les 28 représentants des provinces cédées donnèrent leur démission. L'un d'eux, M. Jules Grosjean, député du Haut-Rhin, lut au nom de tous l'admirable déclaration, dont les trois points essentiels sont les suivants :

« Nous déclarons nul et non avenu un pacte qui dispose de nous sans notre consentement;

« Nous tenons pour nuls et non avenus tous traités, votes ou plébiscites, qui consentiraient en faveur de l'étranger la cession de tout ou partie de nos provinces de l'Alsace et de la Lorraine;

« Nous proclamons à jamais inviolable le droit des Alsaciens et des Lorrains de rester membres de la nation française, et nous jurons, tant pour nous que pour nos commettants et leurs descendants, de le revendiquer éternellement et par toutes les voies envers et contre les usurpateurs. »

Non seulement cette déclaration n'a jamais été rétractée, mais elle a été solennellement renouvelée trois ans plus tard devant le *Reichstag* de Berlin.

Le traité de Francfort du 10 mai 1871 confirma purement et simplement les préliminaires de Versailles (1). Nos deux provinces, érigées en terre d'Empire (*Reichsland*), n'obtinrent qu'en 1874 le droit d'envoyer des représentants au Parlement germanique. Les 15 candidats du « parti national » réunirent 192.600 suffrages contre 37.900 donnés aux « autonomistes » et 9.835 aux candidats officiels du gouvernement prussien.

Dans leur protestation du 18 février, les députés Al-

---

(1) Sauf un échange qui agrandissait notre territoire autour de Belfort, mais abandonnait à l'Allemagne un district riche en minerai de fer au Nord de Briey. — Voir Engerand, p. 26.

saciens et Lorrains soutinrent la même thèse que devant l'Assemblée de Versailles. Leur orateur, M. Teutsch, s'excusant de mal parler l'allemand, qui n'était pas sa langue maternelle, déclara que la France n'avait pas le droit de céder ses provinces; que la cession n'avait pas été libre, mais arrachée par la violence; que les populations annexées à l'Allemagne sans avoir été consultées, devaient être appelées à se prononcer expressément sur cette annexion.

Pas plus en 1874 qu'en 1871 les Alsaciens-Lorrains ne s'inclinent devant le fait accompli. Ils ne reconnaissent pas plus le traité de Francfort que les préliminaires de Versailles.

Lors des élections générales de 1881, le statthalter Manteuffel les invite à manifester par leurs votes « qu'ils acceptent loyalement et franchement l'union de leur pays avec l'Allemagne ». Ils répondent en nommant quinze députés protestataires.

En 1887, Bismarck semble décidé à nous faire la guerre (1). Il dissout le Reichstag, qui repoussait sa nouvelle loi militaire, et convoque les électeurs. Pour la troisième fois, dans toutes les circonscriptions de l'Alsace-Lorraine, les candidats protestataires sont élus.

Les Allemands, furieux, leur signifièrent qu'ils briseraient leur résistance, « qu'on leur limerait les ongles jusqu'à ce que le sang jaillît », que « jamais l'Allemagne ne rétrocéderait de son plein gré deux provinces qui

(1) Violentes attaques de la presse allemande contre le général Boulanger, ministre de la guerre, contre la Ligue des Patriotes et les nombreux adhérents qu'elle comptait dans les provinces annexées. — Les incidents de frontière (Pagny-sur-Moselle, Montreux-Vieux, Raon-sur-Plaine) ne se produisirent qu'après les élections.

avaient appartenu à l'ancien Empire (1) et qu'elle regardait comme partie intégrante du nouveau ». Encore fallait-il *réhabituer à l'Allemagne* — le mot est du maréchal de Moltke — ces populations, qui avaient perdu sous la domination française le sens et le goût de la culture germanique. Cette rééducation fut tentée par tous les procédés imaginables, sans aucune espèce de succès. — Après les élections de 1874, la *Gazette d'Augsbourg* écrivait : « Il faut désespérer de convertir ces gens-là. Toute la question pour eux se réduit à cette formule : être Français ou Allemand ; or, ils veulent être Français. » Pendant quarante-sept ans, ils n'ont pas cessé de le vouloir. Quand les chanceliers du Kaiser, les statthalters du Reichsland, les journalistes officieux et les professeurs pangermanistes proclamaient jusque dans ces derniers mois que les Alsaciens et les Lorrains, ralliés et satisfaits, ne souhaitaient nullement d'être séparés de l'Allemagne, qu'ils ne demandaient rien de plus que l'autonomie dans le cadre de l'Empire, le mensonge était flagrant et si maladroit que personne chez les neutres ni surtout chez nous n'aurait dû s'y laisser prendre. Les mêmes gazettes de Berlin, de Munich ou de Hambourg qui célébraient le loyalisme allemand des Alsaciens-Lorrains, nous apprenaient que leur députation tout entière, y compris les autonomistes élus par les immigrés, s'était unanimement prononcée contre la prétendue constitution libérale que lui offrait Bethmann-Hollweg, en

---

(1) Le chancelier Bulow au Reichstag, en 1902. — Il avait été vaguement question d'un accord qui nous aurait rendu l'Alsace-Lorraine en échange d'une de « nos bonnes colonies », le Tonkin, Madagascar ou l'Algérie.

mai 1911 (1). Deux ans plus tard, en novembre et décembre 1913, l'insolence et la brutalité des officiers prussiens provoquèrent les incidents de Saverne et de Strasbourg, qui firent scandale, même à Berlin. On sait à quel régime de terreur l'Alsace-Lorraine fut soumise à partir d'août 1914. Tout récemment encore, nous lisions dans les journaux suisses que les juges impériaux se préparaient à sévir contre les familles alsaciennes, dont les fils, prisonniers en France, chantaient la *Marseillaise* et se comportaient en véritables Français. — Aujourd'hui l'Allemagne vaincue ne songe plus à leur en faire un crime. Elle libère, avant même qu'on le lui ait demandé, ceux qui sont encore à son service. Au lendemain de l'armistice, avant qu'aucun traité de paix ait été signé, l'Alsace et la Lorraine sont redevenues françaises. L'Allemagne sait si bien à quoi s'en tenir qu'elle a dû nous supplier — par radiotélégramme — « d'exhorter au calme les *populations françaises* » de nos deux provinces et de protéger son armée en retraite contre l'hostilité des habitants.

Dès à présent, et sans qu'il soit besoin de tractations nouvelles, les Alsaciens et les Lorrains sont redevenus Français de leur plein droit et conformément à leur volonté. Ils reprennent leur place à notre foyer, « au moment où la France vient d'acquérir aux yeux du

---

(1) Cette constitution fut pourtant votée par le Reichstag et appliquée tant bien que mal par Michaelis, Hertling et Max de Bade. Il fut aussi question, sous prétexte d'autonomie, d'ériger l'Alsace-Lorraine en royaume au profit d'un fils du Kaiser, de la partager entre Bade et la Bavière, de la réunir tout entière au royaume bavarois, même en dernier lieu de l'internationaliser (?), d'en faire un Etat neutre, un Etat tampon entre la France et l'Allemagne.

monde entier un magnifique prestige » (1); mais les sentiments d'affectueux dévouement et de fidélité inébranlable à la patrie française qu'ils manifestent en fêtant avec nous leur délivrance ne diffèrent en rien de ceux qu'exprimaient leurs députés protestataires à Bordeaux et à Berlin « après le rapt et l'annexion ». Par la voix de leurs représentants actuels ils repoussent comme une injure l'idée d'un plébiscite, qui ne serait « qu'une concession maladroite et lâche ». — Les Allemands les ont-ils consultés en 1871 ? Quand ils étaient les plus forts ils ne dissertaient pas sur le droit qu'ont les peuples de disposer d'eux-mêmes. — Une nouvelle consultation « donnerait une majorité écrasante en faveur de la France, mais elle serait contraire au droit que le temps n'a pas prescrit. Elle impliquerait la reconnaissance de la légitimité du traité de Francfort » (2). Inutile d'insister, le traité de Francfort n'existe plus. Nous l'avons loyalement observé tant qu'il a subsisté : ce sont les Allemands qui l'ont déchiré en nous déclarant la guerre. Qu'ils en subissent les conséquences.

Ces conséquences vont plus loin qu'ils ne supposaient eux-mêmes. Ce n'est pas seulement la frontière de 1871 que la guerre a remise en question : c'est celle de 1815, celle de 1814, celle de 1792. L'occasion, unique et extraordinaire, s'offre pour la France, de revendiquer, haut

(1) Proclamation de M. Mirman, commissaire de la République à Metz.
(2) Déclaration de M. Blumenthal, ancien député au Reichstag, ancien maire de Colmar, dans le *Petit Parisien* du 1ᵉʳ janvier 1916.

et clair, sans rompre aucun traité — ils sont tous en poussière — sans violer aucun engagement — ils ont tous été rompus par l'Allemagne — le dernier morceau du bien légitime dont elle a été spoliée il y a mille ans : la rive gauche du Rhin.

Ce n'est pas notre affaire de traiter ici des modalités de la réincorporation à la France de la rive occidentale du grand fleuve qui forme sa limite. Que les intérêts, les susceptibilités, les mœurs, les droits, les habitants de la rive gauche reçoivent leur légitime satisfaction, c'est un vœu auquel tout Français souscrit volontiers. La France ne fait point d'Alsace-Lorraine à rebours. Nous laissons à d'autres collaborateurs de cette collection à expliquer comment il est possible de résoudre la question, — qui sera peut-être moins ardue qu'on ne le suppose. Un point seul doit ici être mis en relief : quelque considérable que puisse paraître la difficulté, elle ne saurait en aucun cas être de celles qui portent atteinte aux droits imprescriptibles de la France.

Pendant dix siècles, la France, coupée en deux par un absurde pacte de famille, a patiemment reconquis, pièce à pièce, à travers des fortunes très diverses, la moitié de son territoire. Elle a subi la force, la violence, la mutilation : les effets en ont disparu, et son droit seul a subsisté, plus clair et plus vivant que jamais. Ce que ses ennemis n'ont pu faire en la prenant à la gorge, prétendraient-ils y avoir réussi, soit en déversant sur la rive gauche, pendant qu'ils en étaient les maîtres, des bandes de colons germaniques, soit en façonnant à leur manière, dans leurs écoles, les cerveaux des générations? En admettant qu'ils y aient réussi —

et rien n'est moins prouvé — la France ne saurait être dupe de ce tour de passe-passe. La mentalité qui a pu être inculquée à certains habitants de la rive gauche, depuis moins d'un demi-siècle, est un fait passager, qui date d'hier, qui disparaîtra demain. Les droits de la France sont trente fois séculaires. Cet accident ne saurait prévaloir contre ce principe.

Tout au moins l'objection n'a-t-elle pas de valeur actuelle. Il est à coup sûr indispensable, pour la sécurité de la France, qu'elle occupe la rive gauche et y organise une solide ligne de défense. Lorsque cette occupation aura duré, que les esprits seront apaisés, les souvenirs de la guerre éloignés, la question se posera sans doute en des termes très différents et qu'il serait inopportun de préjuger.

On nous permettra de ne pas traiter non plus, ici, la question des races. La thèse des races a joué, dans la politique allemande, un rôle trop célèbre pour n'être pas frappée aujourd'hui du discrédit qu'elle mérite. L'Alsace et la Lorraine sont et restent la plus vivante des protestations contre les théoriciens qui tracent les frontières des Etats aux contours des limites linguistiques — sauf d'ailleurs à les franchir quand elles sont gênantes. Qu'est devenue la race celtique de la rive gauche, à travers les âges? Question qui divisera encore longtemps les spécialistes d'anthropologie. Elle n'a, en tous cas, rien à faire dans la question de droit. La France ne demande pas à ses citoyens des pays basques, bretons, catalans ou flamands s'ils sont de race gauloise authentique. Ils sont Français, puisqu'ils sont en France.

La rive gauche, elle aussi, est en France. C'est tout ce que nous avons entrepris de démontrer.

L'occasion qui s'offre à la France de recouvrer son bien est de celles qui ne se rencontrent que très rarement au cours des siècles. Elle manquerait, en négligeant de la saisir, au plus impérieux des devoirs. Si le lecteur a bien voulu suivre dans tous les détails le long et patient travail de reconstitution de notre domaine, il a pu constater que la France a souvent dû s'arrêter ou reculer devant la force, mais qu'elle n'a jamais renoncé, de son plein gré, à ce qu'elle pouvait revendiquer légitimement. Aujourd'hui, elle est toute-puissante et soutenue par la coalition du monde entier. Elle occupe militairement la rive gauche : elle détient son territoire intégral. Si elle ramenait sa frontière en arrière, ce serait une abdication contre laquelle il n'y aurait plus de remède : ce serait le consentement donné de notre plein gré à l'installation de l'ennemi sur notre sol : ce serait quelque chose comme un suicide.

La France, qui n'est pas seulement celle du moment présent, mais celle d'hier et de demain, ne peut pas commettre une pareille faute envers les générations qui ont travaillé pendant dix siècles à la reconstitution du territoire national. Elle a le devoir impérieux de recueillir le fruit de leurs efforts et de leurs sacrifices, aujourd'hui que sonne l'heure historique qu'elles ont si longtemps espérée et attendue. Aux générations qui suivront, elle doit de ne pas laisser son territoire tronqué et mutilé, une plaie ouverte, une question vitale éternellement pendante. Celles enfin qui viennent de se sacrifier pour elle et d'arroser son sol de leur sang ont le droit d'exiger que leur sacrifice serve à quelque chose, qu'aucune parcelle de ce sol reconquis ne soit plus jamais abandonné.

Au cours de tous les développements qui précèdent, nous avons — à dessein — laissé de côté une question qui a été bien longtemps étroitement unie à celle de la rive gauche du Rhin, qui ne l'est plus aujourd'hui, celle de la Belgique.

Les Pays-Bas ont été, pendant des siècles, le morceau essentiel de ce pays d'Austrasie arraché à la France au traité de Verdun. De ce côté, la mutilation s'était même agrandie; la Flandre et l'Artois, qui faisaient partie du lot de Charles le Chauve, étaient tombés au pouvoir de l'ennemi. Les luttes séculaires de la France pour reconquérir les Pays-Bas, en entier ou par fragments, sur les Ducs de Bourgogne, les Habsbourg d'Espagne ou d'Autriche, remplissent l'histoire. Elles sont, aujourd'hui, reléguées dans l'histoire. La constitution du royaume de Belgique en 1830 leur a donné une solution définitive, sur laquelle personne ne songe à revenir. Un seul point, dans l'œuvre de 1830, était illusoire et devait donner lieu à de graves mécomptes : la neutralité du royaume belge, considéré longtemps comme la garantie de notre frontière du Nord, n'était au fond que la plus fragile des barrières. L'Allemagne s'est chargée de dissiper cette erreur. Il est bien évident aujourd'hui que la Belgique ne peut protéger les autres que si elle se protège elle-même. Comment participera-t-elle à la défense commune contre l'invasion germanique? Ce n'est point ici le lieu de le rechercher. Ce qu'il suffit, ce qu'il importe de relever c'est, d'une part, que l'indépendance de la Belgique est au-dessus de toute discussion; c'est, de plus, que, sous une forme ou sous une autre, la force même des choses l'oblige à participer avec la France à l'œuvre commune de la défense de cette barrière du Rhin, qui les couvre l'une et l'autre, et qui sera désormais, pour toutes deux, la garantie de leur sécurité.

Rhin français ou Rhin belge : la question est secondaire. L'essentiel est que le Germain soit à tout jamais rejeté sur la rive droite. Alors les temps seront accomplis. La grande lutte contre l'envahisseur aura atteint son but : le territoire de l'ancienne Gaule sera enfin libéré. Alors la paix qui va se conclure marquera un tournant dans l'histoire : alors enfin sonnera l'heure, si longtemps attendue et désirée, où la France et la Belgique, reconstituées, libres enfin chez elles et en possession de leur sol intégral, pourront tourner tous leurs efforts vers les œuvres intérieures et le développement illimité de la prospérité nationale.

TABLE DES MATIÈRES

	Pages
Préface de M. Maurice Barrès.	1
Avant-Propos	2

Chapitre   I. Le Rhin, frontière de la Gaule. — La Gaule indépendante et la Gaule romaine 3

—   II. Le Rhin pendant les invasions. — L'époque mérovingienne. — L'Empire de Charlemagne. . . . 17

—   III. Le traité de Verdun 30

—   IV. Les revendications françaises. — Le moyen âge. — Derniers Carolingiens et premiers Capétiens   43

—   V. Charles VII et Louis XI. — Un essai de royauté austrasienne : Charles le Téméraire 59

—   VI. François Ier et Charles-Quint. — Henri II. Les Trois-Evêchés. 73

—   VII. Les fils de Henri II. — France et Lorraine. — La Belgique. — Projets de Henri IV 88

—   VIII. Richelieu et Mazarin. — Le traité de Munster. Acquisition de l'Alsace 108

—   IX. Louis XIV (1661-1715). — La ligue du Rhin. — Les Réunions : Strasbourg. — Le traité de Ryswyck et le traité de Rastadt 129

—   X. Louis XV et Louis XVI. — Réunion de la Lorraine. 162

—   XI. La révolution et l'Empire. — La domination française sur la rive gauche du Rhin 173

—   XII. Les traités de 1815. — La Restauration. — Louis-Philippe. 182

—   XIII. Napoléon III et Bismarck. — La guerre de 1870 et le traité de Francfort. — L'Alsace-Lorraine. — La situation actuelle. — Conclusion. . . . 189

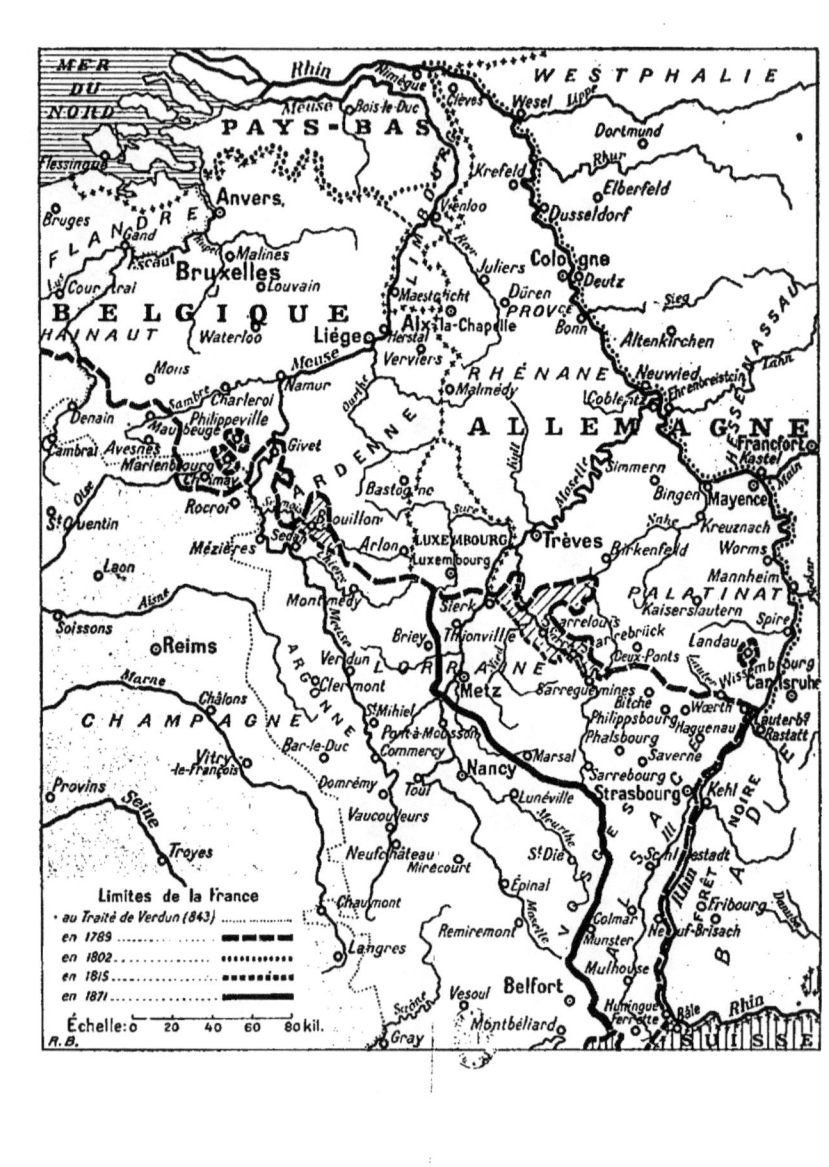

LIBRAIRIE DE LA SOCIÉTÉ DU RECUEIL SIREY

Ancienne Maison LAROSE & FORCEL

LÉON TENIN, Directeur

22, Rue Soufflot, PARIS (5ᵉ)

Petite Bibliothèque de la Ligue des Patriotes

I. La Ligue des Patriotes. Son programme. — Son passé. — Son avenir, par M. le Bâtonnier CHENU, suivi d'extraits de discours de PAUL DÉROULÈDE et les portraits de Maurice Barrès, Chenu, Paul Déroulède.
Un volume in-16 . . . . **2 fr. 50**

II. Jusqu'au bout — L'Après-Guerre, par M. l'Abbé WETTERLÉ.
Un volume in-16, avec un portrait et une carte . . . . **2 francs**

III. Fer et Charbon : Ce que l'Allemagne voulait, ce que la France aura. Le Minerai de Briey, la Houille de la Sarre, par F. ENGERAND, député du Calvados, avec une introduction de M. GABRIEL HANOTAUX, de l'Académie française.
Un volume in-16, avec un portrait et une carte . . . . **2 francs**

IV. La rive gauche du Rhin et l'Equilibre européen, par CH. STIÉNON.
Un volume in-16 . . . . **2 francs**

V. La Grande Route de l'Ancien Monde. Ambitions allemandes, Revendications françaises, par HENRI FROIDEVAUX, doyen de la Faculté libre des lettres de Paris, 1918.
Un volume in-16 avec 5 cartes . . . . **3 francs**

VI. La Paix Coloniale Française par M. CAMILLE FIDEL. Introduction de M. JOSEPH CHAILLEY.
Ouvrage honoré de souscriptions du Ministère des Affaires Etrangères et du Ministère des Colonies.
Un volume in-16 (1918), avec deux cartes hors texte . . **6 francs**

VII. La France sur le Rhin par M. FRANTZ FUNCK-BRENTANO. — Préface de M. MAURICE BARRÈS, de l'Académie française.
Un volume in-16, avec une carte hors texte . . . . . . **7 fr. 50**

Avec des Préfaces de MAURICE BARRÈS
de l'Académie Française

---

991. — Imp. Artistique « Lux », 131, boulevard Saint-Michel.

www.ingramcontent.com/pod-product-compliance
Lightning Source LLC
Chambersburg PA
CBHW051904160426
43198CB00012B/1743